UNA MENTE APACIBLE

UNA MENTE APACIBLE

Doce estrategias para transformar
tus pensamientos indeseados

ESTHER SMITH

P U B L I S H I N G
P.O. BOX 817 • PHILLIPSBURG • NEW JERSEY 08865-0817

© 2024 de P&R Publishing

Traducido del libro *A Still and Quiet Mind: Twelve Strategies for Changing Unwanted Thoughts* © 2022 por Esther Smith, publicado por P&R Publishing.

Todos los derechos reservados. Ninguna parte de este libro puede ser reproducida, almacenada en un sistema portátil o transmitida de ninguna manera ni por ningún medio —electrónico, mecánico, fotocopiado, grabado o de cualquier otra índole—, a excepción de citas breves con el propósito de reseñar o comentar, sin el permiso previo de la editorial P&R Publishing Company, P.O. Box 817, Phillipsburg, New Jersey 08865-0817.

A menos que se indique lo contrario, las citas bíblicas son tomadas de la Nueva Biblia de las Américas (NBLA), Copyright © 2005 de The Lockman Foundation. Usadas con permiso. www.NuevaBiblia.com.

Las citas de las Escrituras marcadas como (RVR60) están tomadas de la Reina-Valera 1960 ® © Sociedades Bíblicas en América Latina, 1960. Renovado © Sociedades Bíblicas Unidas, 1988. Utilizado con permiso. Reina-Valera 1960® es una marca registrada de Sociedades Bíblicas Unidas, y se puede usar solamente bajo licencia..

La cita de las Escrituras marcadas como (NVI) está tomadas de la Santa Biblia, NUEVA VERSIÓN INTERNACIONAL® NVI® © 1999, 2015 de Biblica, Inc.® Usado con permiso de Biblica, Inc.® Reservados todos los derechos en todo el mundo.

Traducción: Rodrigo Hinojosa, Querétaro, México
Diseño de portada y maquetación de las páginas: Francisco Adolfo Hernández Aceves, CDMX, México

Impreso en los Estados Unidos de América

Library of Congress Cataloging-in-Publication Data

Names: Smith, Esther (Biblical Counselor), author. | Hinojosa, Rodrigo, translator.
Title: Una mente apacible : doce estrategias para transformar tus pensamientos indeseados / Esther Smith ; [traducción Rodrigo Hinojosa].
Other titles: Still and quiet mind. Spanish
Description: Spanish edition. | Phillipsburg, New Jersey : P&R Publishing Company, [2024] | Translation of: Still and quiet mind. | Summary: "¿Experimentas pensamientos no deseados que no puedes deshacerte? Aprenda a usar estrategias bíblicamente fieles para superar una variedad de diferentes luchas de pensamiento y vivir en paz"-- Provided by publisher.
Identifiers: LCCN 2023040837 | ISBN 9798887790343 (paperback) | ISBN9798887790350 (epub)
Subjects: LCSH: Thought and thinking--Religious aspects--Christianity. | Habit breaking--Religious aspects--Christianity.
Classification: LCC BV4598.4 .S6518 2024 | DDC 230--dc23/eng/20230925
LC record available at https://lccn.loc.gov/2023040837

A aquellos que me han confiado sus más profundos
pensamientos indeseados y me han enseñado
cómo podemos esforzarnos valientemente
para lograr tener una mente apacible.

CONTENIDO

Introducción: Una mente inquieta y ruidosa   9

PRIMERA PARTE
Técnicas generales para transformar los pensamientos

1. Conoce tus pensamientos   25
2. Ora tus pensamientos   39
3. Haz descansar tus pensamientos   51
4. Desenmaraña tus pensamientos   65

SEGUNDA PARTE
Técnicas integrales para transformar los pensamientos

5. Enfoca tus pensamientos   81
6. Pon en cautiverio tus pensamientos   91
7. Calma tus pensamientos   107
8. Repara tus pensamientos   119

TERCERA PARTE
Técnicas especializadas para transformar
los pensamientos

9. Aparta tus pensamientos 133
10. Descarta tus pensamientos 149
11. Medica tus pensamientos 163
12. Sé realista con tus pensamientos 177

Reconocimientos 183
Notas al final 185

INTRODUCCIÓN

Una mente inquieta y ruidosa

¿Por qué me odia Dios?
　Este no es un pensamiento ideal para la mitad de la noche, pero allí estaba yo: sentada en el baño, sin poder dormir y con la cabeza entre las manos. La frustración inundaba mi mente, y mi estómago daba vuelcos. *¿Por qué me odia Dios?*
　Por varios meses, había experimentado dolores abrumadores en el cuello y la cabeza. De día, me costaba trabajo sentarme derecha y concentrarme. Cuando se acercaba la noche, el dolor solo se intensificaba. Para las siete, me acurrucaba en la cama e intentaba ahuyentar la sensación quemante con el sueño, pero las horas se prolongaban sin alivio. El dolor físico me era una lucha familiar, pero este en el cuello era nuevo. Yo no quería lidiar con él. No podía más. Otra noche más sin sueño ni alivio eran demasiado. *¿Por qué yo? ¿Qué me pasa? ¿Por qué me odia Dios?*
　Incluso con estos pensamientos rondando en mi mente, podría haber citado media docena de pasajes bíblicos sobre el amor de Dios por mí. Todo mi ser racional le hubiera dicho a cualquiera que me lo preguntara que sí, por supuesto que Dios me amaba. Pero a pesar de mi conocimiento racional y de mis convicciones teológicas, mi dolor incontrolable me parecía una prueba de que el amor de Dios era una mentira. Pensamientos

indeseados que pintaban a Dios como un ser indiferente y lleno de odio surgieron de la nada. Yo *sabía* que Dios era amoroso. Yo no *sentía* que fuera amoroso. ¿Qué debía hacer yo con esta disonancia que se había asentado en lo profundo de mi alma?

Tenía algunas opciones. Podía alarmarme de que mi teología estuviera en peligro. *¿Cómo puedes dudar de la Palabra de Dios que habla una y otra vez de Su amor por ti?* Podía reprenderme a mí misma por permitir que surgieran tales pensamientos antibíblicos. *¿Cómo puedes pensar cosas semejantes? ¡Qué desagradecida! ¿Te das cuenta de lo que Cristo ha hecho por ti?* O podía intentar desechar el pensamiento y recordar cuán falso era. *No, Esther. Basta. Por supuesto que Dios te ama.*

Estoy casi segura de que ninguna de estas respuestas me hubiera ayudado en mi estado de agotamiento. Preguntarme si Dios me odiaba no era un pensamiento insignificante, pero incluso en aquel momento de desorientación, me di cuenta de que no necesitaba darle demasiada importancia en ese preciso instante. No a la medianoche. Lo que en verdad necesitaba era sueño. Así que volví a mi cama y enchufé una almohadilla térmica. Acostada en el calor reconfortante, aparté ese pensamiento indeseado. Respiré hondo varias veces, cerré mis ojos y me concentré en el peso de mi cuerpo conforme se empezó a relajar.

Cada inhalación que entraba por mi nariz llenaba mi abdomen. Cada exhalación lenta que salía por mi boca me asentaba un poco más en el colchón. Comencé a orar y a describirle a Dios lo que estaba experimentando. *Dios, siento que mi cuello se está quemando. Odio esto. No quiero lidiar más con esto.* Mi almohadilla térmica y la respiración profunda disminuyeron el dolor un poco. Mi lamento honesto apaciguó mi alma. Mis lágrimas dejaron de fluir. Mi enojo comenzó a disiparse.

Acudí a un versículo familiar que a menudo me ha dado consuelo en medio de la noche, y comencé a meditar en él. «Espera al Señor; esfuérzate y aliéntese tu corazón. Sí, espera al Señor» (Sal 27:14). La Escritura pronto se sincronizó con mi aliento. Inhala... *espera al Señor*. Exhala... *esfuérzate y aliéntese tu corazón*. Yo no sentía que Dios fuera amoroso, pero si esperaba lo suficiente, quizás yo experimentaría lo que creía verdad. Mientras más meditaba en este versículo, más se calmaban mi cuerpo y mi mente. Lentamente, me desvanecí.

A la mañana siguiente, consideré de nuevo el pensamiento que se había entrometido en mi paz y en mi teología la noche anterior. Armada con una taza de café negro y con la fuerza que proviene de la luz del sol, estaba lista para investigar. *¿De dónde vino ese pensamiento?* Un recuerdo se cristalizó en mi mente. Una publicación en Facebook que había visto esa semana había estado flotando justo por debajo de mi mente consciente.

Una conocida había publicado la historia de su sanidad milagrosa. Después de un tiempo de oración, ayuno y arrepentimiento, el dolor crónico que había experimentado desde la niñez había desaparecido milagrosamente. En el momento en que leí esa publicación, cerré mi computadora y apagué mis pensamientos. *Por supuesto. Claro que se recuperó. Ni siquiera quiero pensar en eso en este momento.*

Mi intento por reprimir este pensamiento no funcionó como lo había intencionado. Debajo de la superficie, permanecía una idea ignorada de que Dios amaba más a quien había sanado de forma milagrosa que a mí. El pensamiento brotó a la medianoche. *De seguro Dios no me ama como la ama a ella. Tal vez, de hecho, Él me odia.*

Tan solo darme cuenta del origen de mi pensamiento me dio algo de claridad, lo cual me ayudó a seguir investigando. Algunos vestigios del evangelio de la prosperidad se habían alojado en mi corazón. Este falso evangelio me susurraba en el oído que el Señor sana a quienes ama y odia a quienes abandona en su dolor. Él recompensa el buen comportamiento con los resultados que desean y solo sana a quienes oran más, ayunan mejor y se arrepienten con más sinceridad.

Durante las siguientes semanas y meses, procesé este pensamiento, oré al respecto y lo desmenucé de una multitud de maneras diferentes. No puedo decir que el pensamiento nunca volvió a surgir, ni puedo garantizar que jamás regresará en el futuro. Pero sí puedo decirte que muchas de las estrategias que usé aquella noche y en las semanas siguientes, me han ayudado a mantener a controlar pensamientos como esos cuando mis circunstancias parecen ser abrumadoras.

En lugar de sentirme alarmada cuando experimento pensamientos problemáticos, he aprendido a detenerme y a observar mis pensamientos inquietos. Calmo mi cuerpo, clamo a Dios y medito en las Escrituras. Me pregunto dónde se originaron y uso otras estrategias que aprenderás en este libro.

ALGUNOS TIPOS COMUNES DE PENSAMIENTOS INDESEADOS

¿Qué hay de ti? ¿Experimentas pensamientos que no quieres tener?

Como yo, ¿le das vueltas a creencias sobre ti mismo, el mundo o Dios que se sienten verdaderas aunque sabes que no lo son? Como muchas personas que conozco, ¿te sientes atormentado por pensamientos depresivos, ansiosos o impertinentes? Como todos, ¿no estás seguro de qué hacer con algunos de los pensamientos que entran a tu mente?

Para algunas personas, los pensamientos indeseados son meras molestias. Otras personas los experimentan como interrupciones problemáticas diarias, y otras más los describirían como formas invisibles y brutales de tortura. Sin importar el nivel de tu aflicción, a menudo parece lo mejor tener embotellada toda clase de pensamiento indeseado. Quizás sientas que, si te abrieras respecto a lo que pasa por tu mente, nadie te entendería. Quizás los demás te juzgarían o hasta pensarían que estás loco.

Sin importar cuán persistentes te parezcan tus pensamientos, no estás solo. Todos vivimos con pensamientos que senci-

INTRODUCCIÓN

llamente no nos podemos sacar de la cabeza. Considera algunas de las categorías más comunes de pensamientos indeseados que la gente experimenta.

Pensamientos de angustia y de ansiedad

Todos experimentan pensamientos de angustia y de ansiedad de vez en cuando. Puede ser que se presente brevemente algo de preocupación ante las circunstancias de la vida. Los pensamientos de ansiedad pueden causar palpitaciones cardíacas y dolores estomacales. Los ataques de pánico en sí pueden resultar en temer la muerte. *¿Y si no sé qué decir y hago el ridículo? ¿Y si mi bebé se enferma? ¿Cómo pagaré estas cuentas? ¿Me está dando un paro cardíaco? ¿Me estoy muriendo?*

Pensamientos de desprecio propio que te asignan una identidad falsa

Los pensamientos de desprecio propio aparecen cuando nuestra percepción propia difiere a cómo nos describen las Escrituras. *No soy lo suficientemente bueno. Tengo que ser perfecto. No tengo valor y me odio a mí mismo.*

Pensamientos de depresión, de desesperanza o de suicidio[*]

Las circunstancias de la vida, las relaciones difíciles y las disfunciones en nuestro cuerpo y en nuestra alma pueden llevarnos a la depresión y a la desesperanza. *Esto es demasiado difícil. No sé si*

---

[*] Este libro no tratará a detalle los pensamientos de suicidio. Si te encuentras lidiando con pensamientos de muerte, acude a un amigo o a un consejero. Si tus pensamientos se convierten en un plan para quitarte la vida, llama al teléfono de emergencia o acude a la sala de emergencias más cercana. Para más ayuda, considera leer *¡Quiero morir!: reemplazar pensamientos suicidas con esperanza* por David Powlison (Editorial Bautista Independiente, 2020).

podré perdonarme. Nada mejorará jamás. Los demás estarían mejor sin mí. Solo quiero morir.

Frenesí de ideas y monólogos interiores incesantes

A veces, es difícil apagar nuestro cerebro. Puede que haya o que no haya algo desconcertante en el contenido de nuestro frenesí de ideas. De cualquier manera, deseamos detener ese monólogo incesante. *Debería cocinar lasaña para cenar. No puedo olvidarme de cambiarle el aceite al auto. ¿Qué debería estar haciendo con mi vida? Lo único que quiero es alejarme de todo esto y nunca regresar.*

Soñar despierto, fantasías e imágenes mentales de eventos pasados y futuros

Quizás repasamos imágenes de eventos pasados que quisiéramos que hubieran sido diferentes. Otras veces, fantaseamos sobre una versión ideal del futuro o predecimos todos los desastres imaginables. *No puedo creer que haya dicho algo tan tonto en esa junta. ¿Qué tanto mejoraría mi vida si tuviera otra esposa? Estoy seguro que mi hijo se enfermará y morirá.*

Pensamientos irracionales que no se corresponden con la realidad

Todos experimentamos ocasiones en las que nuestro pensamiento se sesga o se altera y nos cuesta ver ciertas situaciones o personas con claridad. Estos pensamientos a veces se pueden volver obsesivos. En otros casos, las personas experimentan pensamientos ilusorios que no tienen nada que ver con la realidad. *A nadie le agrado. Si toco la manija de esa puerta, me enfermaré. Me está siguiendo el FBI.*

INTRODUCCIÓN

Pensamientos pecaminosos

Nuestros pensamientos pecaminosos pueden ser de juicio, de envidia o de amargura. También pueden ser de lujuria, de enojo, de engaño o de orgullo. *Lo odio. Una mentira no hará daño. Soy superior a todos ellos. Esta será la última vez...*

Pensamientos que contradicen la teología que profesas

A veces, nuestros pensamientos contradicen nuestra teología de maneras que nos provocan vergüenza o ansiedad. *Si hago _____, Dios me aceptará. ¿Dios me ama? ¿El cielo es real? ¿Acaso soy cristiano?*

Pensamientos e imágenes intrusivas

Muchas personas experimentan pensamientos e imágenes desconcertantes que parecen aparecer de forma espontánea de la nada. Estos pensamientos típicamente son muy angustiantes y da vergüenza confesarlos. A menudo, tienen que ver con temas sensibles como la violencia, la sexualidad y la fe. *Podría dar dos pasos ahora mismo y apuñalar a mi hija. Acabo de tener un pensamiento sexual sobre mi pastor. Odio a Dios. ¿Y si me tirara de este edificio?*

Pensamientos relacionados con experiencias traumáticas

El trauma ocurre cuando eventos angustiantes superan nuestra capacidad de lidiar con ellos. Después de un incidente traumático, es común que nuestro pensar sea turbado por ideas que coinciden con una de, o todas, las categorías que hemos considerado. Pensamientos llenos de vergüenza, de duda, de enojo y de tristeza pueden permanecer justo por debajo de nuestra consciencia. Se necesita un examen cuidadoso para darnos cuenta de que están afectando nuestra mentalidad general mucho más de lo que pensamos. *Estoy sucio. Dios no me ama. Me estoy volviendo loco. Nunca me siento seguro. ¿Se detendrá en algún punto el dolor?*

Pensamientos indeseados sobre pensamientos indeseados

A veces, nuestros pensamientos más angustiantes vienen cuando comenzamos a sentirnos mal, culpables o avergonzados por estar experimentando pensamientos indeseados. *Dios de seguro está muy decepcionado conmigo por estar ansioso. Soy un mal cristiano por estar deprimido. ¿Por qué no puedo dejar de pensar en eso?*

¿Con qué categoría te identificas más? Muchas de estas categorías se traslapan, y puede que te veas batallando con más de una categoría a la vez. Sin importar cuáles sean tus tendencias, es probable que tus esfuerzos por encontrar alivio no hayan sido del todo exitosos. Por más que te esfuerces, no puedes dejar de pensar, sentir o creer los pensamientos indeseados que cruzan por tu mente. ¿Qué debes hacer entonces?

UNA TÉCNICA MULTIFACÉTICA

No existe una sola solución mágica para transformar nuestros pensamientos. Cuando los pensamientos indeseados permanecen, necesitamos una técnica multifacética que utilice diversas estrategias fieles a la Biblia. Espero ofrecerte tal técnica en este libro. Al considerar estas estrategias, he descubierto la importancia de tener en mente los siguientes principios.

En primer lugar, nuestra técnica para cambiar el pensamiento debe ser fiel a las Escrituras. A *todas* las Escrituras. En lugar de confiar en algunos pocos pasajes aislados, debemos buscar entender cómo encaja la transformación de nuestro pensamiento en el relato bíblico entero. Esta perspectiva más amplia nos insta a considerar nuestros pensamientos a la luz de quién es

Dios, qué dice sobre nosotros y cómo se relaciona con nosotros. Esto abre nuestros ojos para ver nuestros pensamientos a la luz del amor de Dios por nosotros y de Su plan de redención para cada parte de nuestro ser, incluyendo nuestra mente.

En segundo lugar, no todos los pensamientos indeseados son iguales, lo cual significa que no debemos tratarlos a todos por igual. Es probable que estrategias que funcionan para la ansiedad de grado intermedio no sean suficientes para pensamientos relacionados con un trauma grave. Si tratas los pensamientos intrusivos con guía bíblica para pensamientos pecaminosos, empeorarás en vez de mejorar. Cuando el dolor nubla nuestra mente, necesitamos una variedad de estrategias para lidiar con las diferentes causas y consecuencias de nuestros pensamientos. Estas estrategias deben tomar en cuenta la influencia de nuestro cuerpo, de nuestra mente y de nuestras relaciones.

En tercer lugar, al participar en este proceso de cambio, debemos tenernos paciencia. Si has batallado con pensamientos indeseados por mucho tiempo, puede que te sea fácil regañarte a ti mismo por no mejorar. En cambio, te animo a considerar con curiosidad algunas posibles razones por las que te está costando mejorar. No necesitas avanzar a toda velocidad en el proceso de encontrar sanidad o alivio. Molestarte cuando no puedes transformar tus pensamientos solo produce ansiedad y frustración. Estas emociones entonces alimentan tus pensamientos, lo cual genera niveles de angustia aún más altos. Durante tu lectura de este libro, te ayudaré a considerar algunas de las razones más comunes por las que se estanca la gente. Te recordaré una y otra vez el amor que te tiene Jesús, el cual permanece fiel antes, durante y después de tus intentos por cambiar.

Finalmente, es importante durante tu lectura que recuerdes que ninguna de estas estrategias transformará por sí sola tus pensamientos. Más bien, las estrategias que ofrezco «nos permiten presentarnos delante de Dios para que Él pueda transformarnos».[1]

Romanos 12:2 nos enseña que somos transformados por la renovación de nuestra mente. Esta renovación no sucede ni por fuerza de voluntad ni por remplazar nuestros pensamientos con las Escrituras. Está renovación es un trabajo que hace Dios en nosotros cuando estamos unidos a Él y recibimos de Él la gracia y la energía que necesitamos para cambiar (cf. 1 Co 15:10; Flp 2:12-13).

Somos transformados cuando estamos en la presencia de Dios con el rostro descubierto, en intimidad y vulnerabilidad (cf. 2 Co 3:18). Al tener encuentros con Su gloria, somos transformados a la imagen de Dios, y esta transformación se produce «por el Señor, el Espíritu». Nuestros pensamientos son transformados conforme entramos a la presencia de un Padre bueno y amoroso que nos ayuda a creer en la verdad que se encuentra en las Escrituras y que realiza la obra de transformación en nosotros. Descubrirás que muchas de las estrategias en este libro son herramientas que te ayudan a entrar a la presencia de Dios. Allí, el Espíritu Santo puede tomar el control de la obra de transformación que te ha costado lograr por cuenta propia.

DOCE ESTRATEGIAS PARA TRANSFORMAR
LOS PENSAMIENTOS INDESEADOS

Cada capítulo de este libro te ofrecerá una estrategia para ayudarte en el proceso de transformar tus pensamientos. Comenzaremos considerando algunas técnicas generales para transformar tus pensamientos que se centran en tu relación contigo mismo, con Dios, con el mundo y con otros. *Examinarás* tus pensamientos mediante la reflexión (capítulo 1), le *orarás* tus pensamientos a Dios (capítulo 2), *harás descansar* tus pensamientos en la creación de Dios (capítulo 3) y *desenmarañarás* tus pensamientos en comunidad (capítulo 4).

INTRODUCCIÓN

Los capítulos intermedios se enfocarán en una serie de técnicas integrales para transformar tus pensamientos, centrándose en tu mente, corazón, cuerpo e historia de vida. Aprenderás a enfocar tus pensamientos en la Palabra de Dios (capítulo 5), *a poner en cautiverio* tus pensamientos y tu corazón con un conocimiento correcto de Dios (capítulo 6), a *calmar* tus pensamientos mediante estrategias que hacen trabajar al cuerpo (capítulo 7) y a *reparar* tus pensamientos al invitar la presencia y la Palabra de Dios a tu historia (capítulo 8).

Hacia el final del libro, trataremos algunas técnicas más especializadas para lidiar con pensamientos que pueden ser especialmente problemáticos. Hablaremos de cómo *apartar* tus pensamientos cuando están conectados con un trauma (capítulo 9), *descartar* tus pensamientos cuando son intrusivos y obsesivos (capítulo 10) y determinar en qué momentos *medicar* tus pensamientos puede ser una buena opción (capítulo 11). En el capítulo final, consideraremos cómo *lidiar con* tus pensamientos cuando permanecen más de lo esperado (capítulo 12).

PRACTICA LAS ESTRATEGIAS DURANTE TU LECTURA

Algunas de las estrategias en este libro son desafiantes. Otras requieren tiempo. Algunas te parecerán tan sencillas que dudarás de su eficacia. Sentirás que es fácil saltarte muchas. *Las estrategias solo funcionarán si las utilizas,* así que te animo a considerar tu mentalidad al leer. Espero que leas cada capítulo lentamente y que practiques las estrategias de inmediato, en lugar de planear regresar más tarde.

En tu práctica, la meta no es llevar a cabo cada estrategia a la perfección. En cambio, solo experimenta y ve qué estrategias te sirven. Algunas te servirán más que otras, dependiendo tanto del tipo de pensamientos indeseados que experimentas como de tu personalidad y de tus preferencias. Si una estrategia no funciona o hasta parece estar empeorando las cosas, siéntete libre de hacerle las modificaciones que creas pertinentes, o incluso ten la libertad de saltártela por el momento.**

Puedes comenzar ahora mismo. Toma un diario o un papel. Regresa a las categorías de pensamientos indeseados que mencionamos en las páginas 13–16 y considera dos preguntas. ¿Con qué categorías batallas más? Anota cualquier pensamiento que se te venga a la mente.

Cuando termines de escribir, escoge uno solo de tus pensamientos indeseados. Tenlo en mente y solo permite que permanezca allí.*** No luches contra él ni intentes alejarlo.

Detente para reflexionar

Cierra tus ojos y respira hondo para ayudarte a descansar y sentirte en calma. Inhala por la nariz y exhala por la boca. Hazlo varias veces.

Detente para respirar

Comienza a meditar en el Salmo 46:10, el cual dice: «Estén quietos, y sepan que Yo soy Dios». Al inhalar, recuérdate: *Estén quietos*. Al exhalar, recuérdate: *y sepan que Yo soy Dios*. Hazlo unas cinco veces.

** Esto es importante en especial si has experimentado un trauma o si estás experimentando patrones de pensamientos intrusivos que pudieran estar relacionados con un trastorno obsesivo compulsivo. Hablaremos más de técnicas especializadas para tratar con pensamientos relacionados con estas experiencias en los capítulos 9 y 10.

*** En diferentes puntos a lo largo del libro, te pediré que accedas a propósito a alguno de tus pensamientos indeseados. Si estás batallando con un pensamiento específico sobre el cual te parece inapropiado meditar a propósito, o te es demasiado angustiante, puedes identificar de manera general que luchas con esa clase de pensamientos.

INTRODUCCIÓN

Detente para respirar y meditar

Repetir estas palabras no es un mantra sin sentido. Es un recordatorio con propósito de la santa Palabra de Dios. Permanece quieto en Su presencia. Calla tu mente con Su verdad. Luego, abre tus ojos y considera: ¿Qué sucedió en tu mente? ¿Qué le sucedió a tu cuerpo? ¿Qué le sucedió al pensamiento indeseado?

PRIMERA PARTE

Técnicas generales para transformar los pensamientos

1

CONOCE TUS PENSAMIENTOS

«¿No tendría más sentido hacer este ejercicio con la cabeza hacia adelante?».

Estaba recostada, y mi fisioterapeuta había acomodado mi cabeza para un ejercicio. No podía descifrar porqué había inclinado mi cabeza hacia el lado para que ya no estuviera viendo hacia el frente (o eso es lo que yo creía). Él se rio y dijo: «Tu cabeza de hecho está mirando hacia adelante. No lo sientes así porque tu cuello está desalineado».

Prosiguió a explicar la anatomía del cuello y cómo ciertos problemas pueden llevarnos a perder la percepción y consciencia certera de nuestro cuerpo. Él también tenía problemas de cuello, y me describió cómo, en una ocasión, entró a la oficina sin darse cuenta en lo más mínimo de que su cabeza estaba inclinada y casi tocando su hombro. Una colega le mencionó su postura torcida, pero su percepción de estar erguido era tan real que no le creyó hasta que se vio en el espejo.

Todos nosotros, en alguna ocasión, hemos caminado por la vida como mi fisioterapeuta, inconscientes de que nuestra cabeza no está derecha. Pero, a menudo, no es nuestro cuerpo lo que estamos percibiendo incorrectamente en estas instancias. Es la verdadera naturaleza de nuestros pensamientos y de nuestra mente lo que a veces se escapa de nuestra consciencia.

La gente a menudo me dice al final de una sesión de consejería: «No tenía idea de que pensaba aquello hasta que lo dije en voz alta justo ahora». Otras veces, reflexionan: «No estoy seguro si este pensamiento es verdadero o no». Todos experimentamos pensamientos que yacen justo por debajo de nuestra consciencia. Todos, en ocasiones, pensamos pensamientos que son más imprecisos o inútiles de lo que quisiéramos admitir.

DOS TENDENCIAS COMUNES

¿Por qué permanecemos inconscientes de nuestros pensamientos? A menudo, tiene que ver con nuestra tendencia a evitarlos o a pensar demasiado en ellos.

Hay días en los que prefiero abarrotar mis pensamientos más oscuros en una cajita y fingir que no existen. *Todo está bien. Yo estoy bien.* Para muchos de nosotros, las técnicas de estar constantemente ocupados o distraídos nos ayudan a suprimir nuestros verdaderos patrones de pensamiento. No sabemos qué pensamos porque no nos detenemos el tiempo suficiente como para notarlo.

Y hay días en los que prefiero desmoronarme en un abismo de pensamiento improductivo. Mi mente divaga, y a duras penas me doy cuenta de que está sucediendo. *¡Hola, medianoche! Bienvenida a mi mente.* Uno pensaría que pensar sin cesar nos ayudaría a conocer mejor nuestros pensamientos, pero, a menudo, no es así. Nos enfrascamos tanto en nuestros pensamientos que no nos detenemos para observarlos. La velocidad, cantidad e intensidad de nuestros pensamientos puede dificultarnos el obtener una idea clara de nuestras tendencias y patrones mentales.

¿Eres alguien que «evita» o que «piensa demasiado» en estos pensamientos? ¿Eres alguien que suprime o que se enreda en estos pensamientos? Muchos de nosotros somos una combinación de ambos, y nos puede ser útil aprender a identificar nuestras tendencias personales.

EL CONOCIMIENTO COMIENZA CON LA OBSERVACIÓN

La transformación de nuestros pensamientos comienza cuando nos libramos de estas tendencias y nos familiarizamos con nuestros pensamientos mediante la observación cuidadosa.

Imagina que cada pensamiento es un tren que viaja por una vía específica. Nuestra tendencia natural es viajar dentro del tren. Nos dejamos llevar por lo que sea que estemos pensando, y permitimos que ese pensamiento nos dirija. Cuando nos dejamos llevar por nuestros pensamientos, es difícil cambiarlos. Pero tenemos otra opción. Podemos bajarnos del tren. Podemos sentarnos en la banca a un lado de la vía y mirar cada vagón —cada pensamiento— pasar de largo.

Conocer nuestros pensamientos comienza con observarlos. Con suficiente práctica, es posible bajarnos del tren de nuestros pensamientos y mirarlo desde afuera. Observamos nuestros pensamientos al permitirnos ver lo que estamos pensando sin emitir juicios o intentar aún cambiar lo que encontramos. Observar nuestro pensamiento así es una manera de tomar consciencia de esos pensamientos que yacen bajo la superficie.

En su libro *Untangling Emotions* (*Desenmarañando las emociones*), Alasdair Groves y Winston Smith sugieren un método similar para lidiar con las emociones. Lo que proponen es que, en lugar de prejuzgar una emoción, debes «mirarla, sopesar lo que vez y *luego* (¡no antes!) decidir cómo responder».[1] Necesitamos observar antes de juzgar para no perdernos de nada importante. Sin importar cuán bien pensemos que nos conocemos, podemos estar seguros de que, si prestamos atención, algún tren nos sorprenderá.

Muchos cristianos evitan este proceso de mirar con cuidado, y de inmediato se saltan a juzgar y a cambiar las cosas. Puede que temas que tomarte el tiempo para observar pensamientos inciertos, inútiles o antibíblicos sea contraproducente y pecaminoso. Sin embargo, observar los pensamientos no es lo mismo ni que ceder ante el pensamiento pecaminoso ni que sucumbir ante una creencia dañina. Observar con cuidado antes de responder es cómo determinamos la naturaleza verdadera y la extensión completa de nuestros pensamientos. No podemos transformar lo que no entendemos plenamente. La historia que compartí en la introducción es un gran ejemplo de cuán importante es hacer esto.

PRACTICA OBSERVAR TUS PENSAMIENTOS

Nuestros pensamientos se presentan en dos formas. Experimentamos imágenes mentales y un monólogo interior. Las *imágenes* mentales son como fotografías que experimentamos en nuestra mente. Estas fotografías pueden representar o recuerdos o proyecciones del futuro. Pueden ser imágenes de rostros o de lugares o de experiencias que hemos tenido o que anticipamos tener. El monólogo interior es el comentario en vivo que escuchamos en nuestra mente. Puede que recordemos palabras que nos fueron dichas o que descifremos algo «en voz alta» en nuestra mente.

Permíteme mostrarte a qué me refiero. Cierra tus ojos y cuenta hasta diez en tu mente. ¿*Escuchaste* los números o *viste* los números?[2] Si *escuchaste* los números, fue un monólogo interior. Si *viste* los números, fueron imágenes mentales. Ahora, cuenta una vez más. Si la primera vez escuchaste los números, ahora intenta visualizarlos. Si viste los números la última vez, ahora intenta escucharlos.

¿Cómo te fue? ¿Qué notaste? Todos experimentamos nuestros pensamientos de una forma un poco diferente. Algunas personas son muy visuales. Sus pensamientos son casi únicamente fotografías. A otros les cuesta trabajo si quiera entender a qué me refiero cuando menciono a las imágenes mentales. Sus pensamientos se presentan casi únicamente como un diálogo interno. Muchas personas experimentan una combinación algo balanceada de ambos. Ninguna de las dos tendencias es mejor o peor que la otra. Sencillamente, todos somos un poco diferentes.

Intentemos un ejercicio más. Intentaremos observar estos dos tipos de pensamiento en tiempo real. No te preocupes si no te es natural el ejercicio. Tan solo estamos experimentando, y puede que requiera de algo de práctica. Cierra tus ojos y permite que tu mente divague hacia donde quiera. Observa lo que sucede sin intentar cambiar ni juzgar tu experiencia. Puede ser que, al principio, tu atención se vea atraída por los sonidos a tu alrededor. Luego, puede ser que notes que tu atención se centra en las emociones o en las sensaciones físicas de tu cuerpo. Siéntate unos minutos hasta que comiences a notar que surgen pensamientos.

Mantén tus ojos cerrados, y observa estos pensamientos como un espectador (como si estuvieras sentado en una banca, viéndolos pasar). Observa cada pensamiento con atención, identificándolo y etiquetándolo. Cada vez que notes que un pensamiento forma una imagen mental, di en tu mente: *ver*. Cada vez que notes que un pensamiento forma un monólogo interior, di en tu mente: *escuchar*. Puede que algunos de estos pensamientos desparezcan con rapidez y que otros permanezcan allí. Evita el instinto de alejar o de retener cualquier pensamiento en particular. En cambio, después de etiquetar cada pensamiento, permite que pase de forma natural por tu consciencia a medida que eres atraído al siguiente pensamiento, sonido o sensación.[3]

¿Cómo te fue? Puede ser interesante tan solo relajarte y observar los pensamientos que cruzan por tu mente.

EL CONOCIMIENTO REQUIERE EXAMINACIÓN

La observación es el primer paso para conocer nuestros pensamientos, pero, por sí misma, es insuficiente. Dios nos invita a un proceso aún más profundo que las Escrituras llaman *examinarnos* (cf. Lam 3:40; 2 Co 13:5). La examinación es una forma de «tener cuidado» de nuestra vida y de nuestra doctrina (1 Tim 4:16). Es cómo discernir qué tan precisos y útiles son los pensamientos que acabamos de observar. A través de la examinación, damos los primeros pasos en el proceso de transformación.

A menudo, consideramos la examinación un proceso de escudriñar nuestro corazón en busca de pecado. Pero la meta de discernir nuestros pensamientos «no solo es evitar la maldad en esta vida, sino también aprender lo bueno para poder adoptarlo y disfrutarlo».[4] Sí, una de nuestras metas es poner todo pensamiento en cautiverio, pero el objetivo principal de la examinación es cultivar una mente apacible y llena de pensamientos disfrutables que agraden a Dios.

PRACTICA EXAMINAR TUS PENSAMIENTOS

Puedes practicar examinar tus pensamientos al observar un pensamiento indeseado con el que batallas, mirándolo con curiosidad y haciéndote las siguientes preguntas:

Pregunta No. 1: ¿Este pensamiento es verdadero?

Dios nos ordena que pensemos pensamientos verdaderos (cf. Flp 4:8). Para evaluar si un pensamiento es verdadero, debemos comprobar si se alinea con las Escrituras (cf. Jn 17:17) y preguntarle a una persona de confianza si estamos viendo las cosas con claridad (cf. Pr 12:15). Esta es una pregunta importante porque sufrimos mucho dolor y problemas cuando nos aferramos a pensamientos que no son precisos.

Las ideas falsas sobre nuestra identidad nos arrastran hacia la desesperación. *No valgo nada.* Las predicciones falsas sobre el futuro y las suposiciones imprecisas sobre otros nos hacen esclavos de la ansiedad. *Reprobaré el examen.* De seguro ella me odia. Las creencias erróneas sobre Dios y sobre nuestra posición en el mundo nos dejan ahogándonos en la desesperanza. *A Dios no le importa mi sufrimiento. Los demás estarían mejor sin mí.* El primer paso para evaluar un pensamiento es determinar si es preciso o no.

Pregunta No. 2: ¿Este pensamiento es útil?

No es suficiente pensar pensamientos que son verdaderos. Debemos aplicarles sabiduría y sensatez a nuestros pensamientos verdaderos al pensarlos en el momento adecuado, en el contexto adecuado y con la motivación adecuada.

Tal vez sea verdad que tienes una junta mañana, pero es probable que la medianoche no sea un tiempo útil para darle vueltas a qué dirás. Es verdad que batallas con el pecado, pero de seguro no te será útil pensar una y otra vez sobre tu naturaleza pecaminosa cuando te sientes deprimido. Tal vez sea verdad que tu vecino tiene una casa hermosa que quisieras tener, pero obsesionarte con esta verdad no te ayudará en tu santificación personal. Después de decidir si un pensamiento es preciso o no, tu siguiente paso es preguntarte: «¿Es *útil* pensar este pensamiento? ¿Me es útil para reducir mi sufrimiento? ¿Me es útil para incrementar mi santidad?».

Pregunta No. 3: ¿Este pensamiento es apropiado para mi situación?

Cuando surge un pensamiento difícil, también debemos recordar que nuestra meta final no necesariamente es hacer que nuestros pensamientos sean más positivos. Puede ser apropiado y bíblico pensar pensamientos tristes, negativos, desagradables, enojados o temerosos.

Si un oso te está persiguiendo por el bosque, es deseado y apropiado que tengas pensamientos llenos de temor. Puede que esos pensamientos temerosos te salven la vida. Si eres testigo de un abuso, es apropiado tener pensamientos llenos de enojo. Esos pensamientos de enojo podrían llevarte a procurar la justicia y seguridad para la víctima. Si enfrentas pruebas extremas en tu vida, a menudo será más apropiado que le permitas que tus pensamientos sean clamores de lamento en vez de intentar obligar a tu mente a ser positiva. Nuestros pensamientos deben, de forma apropiada, reflejar nuestras circunstancias. Los pensamientos fieles a la Biblia a veces son pensamientos difíciles y desagradables.

Pregunta No. 4: ¿Este pensamiento está completo?

A veces, evaluamos un pensamiento y resulta que cumple todos los requisitos. El pensamiento de hecho sí es verdadero, útil y apropiado. Sin embargo, nuestra examinación no debe terminarse allí. Todavía debemos considerar si el pensamiento está completo por sí solo.

Una razón por la que necesitamos esta pregunta es porque a veces pensamos que una verdad a medias representa la verdad completa. En realidad, «una verdad a medias que se hace pasar por la verdad completa se convierte en una completa mentira».[5] En tu lucha contra los pensamientos indeseados, ¿qué verdades a medias has comenzado a creer? Sí, es cierto que eres un pecador. Pero ¿a qué verdad del evangelio necesitas aferrarte en conjunto con esa realidad? Sí, es cierto que estás sufriendo, pero ¿a qué verdad acerca de Dios te podría ser útil aferrarte en conjunto con tu dolor? Sí, puede que tus problemas te superen, pero ¿qué palabras alentadoras también son verdad sobre tu situación?

Preguntarnos si «¿este pensamiento está completo?» a menudo nos lleva a recordar o a observar pensamientos que habíamos olvidado o minimizado pero que son relevantes a nuestra situación. Aunque «esto es triste» puede ser verdadero, útil y apropiado, «esto es triste *y Dios es fiel*» es verdadero, útil y apropiado y nos ofrece una perspectiva más completa.

He aquí otra manera de hacernos esta pregunta que me ha sido útil. Al examinar un pensamiento, pregúntate: «Y ¿qué más?». Le aprendí esta pregunta a mi sabia consejera y amiga Eliza Huie.[6] Cuando preguntamos: «Y ¿qué más?», nos vemos instados a considerar otras preguntas: ¿Qué otros pensamientos son verdaderos? ¿Qué otros pensamientos son útiles y apropiados en mi situación? ¿Qué pensamientos dignos, justos, puros, amables, honorables y elogiables estoy ignorando (cf. Flp 4:8)?

INTERRUMPE TUS PENSAMIENTOS EN TIEMPO REAL

Saber qué preguntas es correcto preguntar es un buen inicio, pero el verdadero reto es desarrollar la habilidad para accesar estas preguntas cuando más las necesitamos. Queremos tener la capacidad de interrumpir nuestros pensamientos en tiempo real con estas preguntas. Veamos un ejemplo.

James está parado en la cocina, preparando la cena. Un pensamiento surge en su mente. *A nadie le agrado.* Normalmente, se subiría directo al tren. Este lo llevaría sin darse cuenta a desmoronarse con pensamientos de desesperanza, de depresión y de desprecio propio. Sin embargo, esta vez, se baja del tren y observa con curiosidad su pensamiento. Se hace las cuatro preguntas y las responde con honestidad.

¿Este pensamiento es verdadero? No del todo. Sí le agrado a algunas personas. A mi esposa. A mis hijos. A mi amigo Ben. A la mayoría de las personas cuando recién me conocen. Pero sí es legítimamente verdad que no parezco agradarles a las personas en mi trabajo. Es tan difícil ir a trabajar cuando el resto de mi equipo me ignora y habla mal de mí a mis espaldas.

Ahora bien, ¿y qué de la utilidad? ¿Este pensamiento es útil? ¿Y es apropiado a la luz de lo que estoy pasando? Bueno, sí y no. No es útil exagerar y decir que a nadie le agrado. Pero sí podría ser tanto útil como apropiado meditar en que las personas en el trabajo me tratan mal para descifrar cómo responder. También es entendible que esto me esté molestando. Estoy tomando decisiones laborales difíciles pero honestas que no les agradan a las personas, y las repercusiones han sido terribles. Por supuesto que es lógico tener algunos pensamientos difíciles al respecto.

¿Este pensamiento está completo? Claro que no. No le agrado a las personas en mi trabajo, pero su opinión de mí no me define. Me ayuda recordar a mi familia y a todos los amigos que me quieren y me aprecian. Y lo que es más importante: tengo que recordar que agradar a las personas no es la meta de mi vida. Mi paz no puede depender de agradarle a la gente. A fin de cuentas, debo serle fiel a lo que Dios me pide en el trabajo y descansar en Su amor por mí. Dios, ¿me puedes ayudar a recordarlo? Sé que estás aquí conmigo en este momento, y en verdad estoy luchando por que esto no me afecte. Por favor, ayúdame a recordar cómo me ves tú y a valorar tu opinión de mí más que lo que otros piensan de mí.

¿Puedes ver cómo James utilizó las preguntas para interrumpir su pensamiento exagerado y extremista con una conversación constructiva consigo mismo? Su monólogo interior entonces se convirtió en oración, un paso importante que trataremos en el siguiente capítulo.

ESTRATEGIAS PARA AYUDARTE A OBSERVAR
Y A EXAMINAR TUS PENSAMIENTOS

Muchas personas descubren que la parte más difícil de este proceso es recordar detenerse y hacerse estas preguntas. ¿Cómo nos acordamos de hacerlo en tiempo real? Lo logramos mediante la práctica. Practicamos con las estrategias que nos ayudan a observar y a examinar nuestros pensamientos hasta que las preguntas se hacen hábitos. Escoge una de las siguientes estrategias para intentar hoy.

Estrategia No. 1: Escritura en un diario

Toma unos quince minutos para sentarte y escribir todos los pensamientos que se te vengan a la mente.[7] Siéntate sin objetivo ni enfoque alguno. Lo que sea que se te venga a la mente, anótalo. *El perro necesita ir al veterinario. ¿Qué cenaré? He estado pensando en la Trinidad y en qué implica ella para mi vida.*
Pensamientos triviales. Pensamientos profundos. Pensamientos al azar. Observa tu pensamiento por medio de anotar lo que pasa por el tren de tu mente, a donde sea que vaya, sin intentar dirigirlo. Después, lee lo que escribiste con las cuatro preguntas en mente. Repite este ejercicio una vez al día durante una semana, y de seguro te sorprenderán los pensamientos que encuentras yaciendo justo por debajo de tu consciencia.

Estrategia No. 2: Reflexión mental

Toma tiempo de forma intencionada para reforzar las cuatro preguntas cuando estés acostado en la cama por la noche, cuando te estés duchando o durante alguna otra actividad donde no sea necesario mucho pensamiento. Permite que tu mente divague, y observa tus pensamientos como lo practicaste en este capítulo. Observa cada una de las imágenes mentales y cada instancia de monólogo interior.

Esta vez, en lugar de etiquetar el pensamiento con las palabras ver o escuchar, hazte las cuatro preguntas de autoexamen. Puedes considerar una sola y enfocarte en ella durante tu práctica, o puedes decidir usar cualquier combinación de las cuatro, dependiendo de qué pensamientos aparezcan. No hay una manera correcta o incorrecta de usar estas preguntas para practicar. Solo experimenta.

A veces, esto puede parecernos risible. Preguntarte: «¿Esto es verdad?» cuando piensas en lo que desayunaste puede parecer un ejercicio inútil. Pero sí tiene sentido. Estás formando un hábito. Mientras más te hagas estas preguntas, con menos esfuerzo surgirán cuando de verdad las necesites.

Estrategia No. 3: Retroalimentación

A veces, para en verdad conocerte a ti mismo y tus pensamientos, necesitas retroalimentación de personas de confianza. ¿Te acuerdas de mi fisioterapeuta? Estaba tan seguro de que su percepción era precisa que necesitó que un colega le ayudara a ver con claridad. Hablaremos más sobre la importancia de incorporar más personas a tu vida mental en el capítulo 4. Por el momento, puede que haya ocasiones en las cuales te hagas estas preguntas y te sientas atascado. Cuando esto suceda, considera hablar con alguien de confianza.

Otros pueden ayudarte a discernir si tus pensamientos son verdaderos, útiles y apropiados. Puede que en especial requieras a un amigo o consejero confiable con quien hablar al considerar la cuarta pregunta: «¿Este pensamiento está completo?". Puede que haya una perspectiva adicional sobre tu situación o tus pensamientos que no has considerado. Quizás haya una revelación que le será más fácil determinar a alguien con una perspectiva ajena o información diferente. A veces, tenemos que reconocer con humildad que no tenemos toda la información y preguntarles a aquellos a nuestro alrededor qué otros pensamientos debemos recordar.

Mientras más practiques estas estrategias, más incrementarás tu capacidad para interrumpir tus pensamientos cuando de verdad importe. Es posible que, en unas horas, te encuentres atrapado dándole vueltas a pensamientos ansiosos y fatalistas. *Siempre me sale todo mal.* Si te has tomado el tiempo para practicar, es posible que, de forma espontánea, te detengas y te preguntes: *¿Esto es verdad?* La próxima semana, puede que se te venga a la mente un pensamiento indeseado. *Fracasé por completo.* Entonces, esta vez, quizás te detengas y te preguntes: *¿Este pensamiento está completo? Al hacer esto haz enderezado el rumbo;* acabas de sentar el fundamento para todas las demás estrategias que utilizarás en los capítulos siguientes.

2

ORA TUS PENSAMIENTOS

La oración redirige nuestros pensamientos y nuestra atención de nosotros mismos hacia Dios. En su prólogo para *Una vida de oración* por Paul Miller, David Powlison nos da una descripción útil de cómo se intersecan nuestra vida mental y nuestra vida de oración. Reflexionando en la oración como una conversación en la que la vida y Dios se encuentran, él dice: «Lo mejor que nuestro mundo ofrece es enseñarle cómo *hablarse a sí mismo*. Cambie lo que se dice a sí mismo, y sus sentimientos sobre lo que pasó cambiarán. Cambie su monólogo interior, y la manera en que usted se siente en cuanto a sí mismo cambiará [...]. Pero Jesús vive y enseña algo distinto [...]. Él le enseña a *dejar* de hablarse a sí mismo [...]. Él le muestra a usted cómo comenzar a hablar con el Dios que rige el mundo, quien ha decidido libremente preocuparse por lo que más le conviene a usted».[1]

¿*Deja* de hablarte a ti mismo? Este no es un consejo que escuchamos a menudo. Se nos anima con más frecuencia a cambiar la forma en que nos hablamos a nosotros mismos al identificar las mentiras que tendemos a creer y a usar el monólogo interior para remplazarlas con la verdad, como lo hicimos en el capítulo anterior. Este es un consejo útil, pero Powlison señala que, por sí mismo, también es insuficiente. El monólogo interior deja a Dios fuera de la jugada. Tenemos que ir más allá del monólogo interior e invitar a Dios a la conversación.

Si no tenemos cuidado, nuestras técnicas para transformar pensamientos puede arraigarse más en una teoría psicológica de terapia cognitiva que en las Escrituras. Esta teoría enseña que, ya que nuestros pensamientos fomentan emociones y acciones, puedes cambiar tus pensamientos y la trayectoria de tu vida mediante un monólogo interior racional y lleno de verdad. Un monólogo interior fundamentado en las Escrituras tiene su lugar. Es una práctica importante y bíblica que forma la base de muchas de las estrategias en este libro. Nos topamos con problemas, sin embargo, cuando nuestro monólogo interior bíblico se desvía del contexto relacional que vemos en las Escrituras. Transformar pensamientos falsos, indeseados y antibíblicos requiere verdad *y* relación. Para que ocurra un cambio verdadero en nuestra mente, debemos conectar con Dios en oración.

Leí el consejo de Powlison sobre nuestros pensamientos y la oración justo antes de hablar en una conferencia y decidí ponerlo en práctica. ¿Qué sucedería si le pedía a mi audiencia que practicara hablar con Dios sobre sus pensamientos? Le pedí a cada miembro de la audiencia que identificara una situación difícil de su vida durante la semana anterior. Cada persona entonces consideró que pensamientos y emociones específicas habían experimentado en respuesta a ese evento. Para cerrar, los guie en un tiempo de oración y les pedí que le llevaran en ese mismo lugar y momento esos pensamientos a Dios.

Al observar a la audiencia, sentí que Dios estaba obrando. Todos en la habitación estaban silenciosos y concentrados. Cuando terminamos y discutimos la experiencia, las personas compartieron las formas maravillosas en las que Dios se había encontrado con ellos en oración. Varias personas comentaron que pensaban que en el pasado ya habían orado por esas situaciones difíciles de forma adecuada, pero orar sus pensamientos les ayudó a encontrarse con Dios de nuevas formas.

Creo que este tiempo de oración fue útil por varias razones. Mis instrucciones iniciales incluyeron tres elementos fundamentales que diseñé para ayudar a las personas a orar sus pensamientos de manera bíblica: los animé a orar pensamientos sin censura, los invité a estar conscientes de la presencia de Dios y les pedí que se centraran en la Palabra de Dios. Cuando están presentes estos elementos, la oración se convierte en un terreno fértil para una transformación.

ORA TUS PENSAMIENTOS SIN CENSURA

Dios transforma nuestros pensamientos cuando le hablamos sin censura. Con demasiada frecuencia, queremos tener los pensamientos «correctos» antes de acudir a Dios. En lo profundo de nuestro ser, no es fácil creer que nuestros pensamientos deben ser verdaderos, razonables y razonados antes de llevarlos delante de Él. A menudo, esto no es posible. No siempre podemos cambiar lo que pensamos en un instante, solo por quererlo. Además, no creo que esto sea lo que Dios pide de nosotros.

Salmos 62:8 nos extiende una invitación: «Derramad delante de él vuestro corazón; Dios es nuestro refugio» (RVR1960). Podríamos comparar derramar nuestro corazón ante Dios con derramar bloques de Lego de un enorme contenedor. Una mezcla de colores y de formas plásticas se esparce en un montón desorganizado en el piso. De la misma manera, cuando derramamos nuestro corazón ante Dios, todos nuestros pensamientos y emociones sin censura fluyen y se amontonan a Sus pies. Pensamientos verdaderos y falsos. Pensamientos hermosos y pecaminosos. Pensamientos útiles e inútiles. Todos nuestros pensamientos quedan expuestos.

Antes de transformar nuestros pensamientos, tenemos la oportunidad de expresarle a Dios en voz alta todo lo que estamos pensando, incluso si no estamos pensando de manera adecuada.

Orar pensamientos sin censura es parte importante del proceso de transformación y es similar a observar nuestros pensamientos sin juzgarlos. Es importante porque cuando intentamos modificar pensamientos indeseados de forma prematura, no los cambiamos en realidad. Solo hemos fingido que los transformamos. Es solo cuando expresamos en voz alta los pensamientos que *en verdad* tenemos —no los que *quisiéramos* tener— que podemos desmenuzarlos y llegar a verlos con claridad y a creer de forma correcta. ¿Qué mejor lugar para continuar este proceso que en la oración? Allí, Dios está presente para ayudarnos.

Podemos ver esto en los Salmos, los cuales demuestran lo que ha sido denominado «estallidos prerreflexivos de las profundidades de tu ser en la presencia de Dios».[2] El Salmo 77 es un ejemplo. Al leer este salmo, observamos la vida mental prerreflexiva de una persona que está luchando con preguntas difíciles sobre Dios. El salmista lucha con determinar la verdad. *¿Dios me ha rechazado?* (cf. v. 7). *¿Acaso Dios me ama? ¿Puedo confiar en que cumplirá Sus promesas?* (cf. v. 8).

Hay un propósito por el cual el salmista expresa sus dudas y procesa su pensamiento incorrecto en voz alta. Conforme continúa el salmo, podemos ver que sus preguntas y expresiones de lamento lo llevan a recordar cómo Dios se ha manifestado en el pasado (cf. vv. 10-11). Él entonces medita en las obras pasadas de Dios, recordándose a sí mismo que Dios es santo y grande (cf. v. 13). Parece probable que el salmista nunca hubiera progresado a esta nueva línea de razonamiento si hubiera descartado sus pensamientos falsos iniciales.

ORA EN LA PRESENCIA DE DIOS

Dios transforma nuestros pensamientos mientras procesamos lo que pensamos estando conscientes de Su presencia. El libro de Job es un ejemplo de cómo sucede esto. A lo largo del libro, Job sufre de forma terrible. Este sufrimiento, entendiblemente, lo lleva a pensar pensamientos imprecisos sobre Dios y el mundo. *Sería mejor morir* (cf. Job 3:11). *Dios es mi adversario* (cf. Job 16:9). *La oración no sirve de nada* (cf. Job 21:15).

No es sino hasta que Job pide encontrarse con Dios y entra en Su presencia que se da cuenta del error de su pensamiento. Escuchar *acerca de* Dios no cambió sus pensamientos. Pero ¿qué pasó cuando pudo ver a Dios con sus propios ojos? ¿Qué paso cuando pudo entrar a la presencia de Dios? ¿Qué sucedió cuando pudo experimentar la relación con Él? ¿Qué aconteció cuando tuvo un encuentro con Su santidad? Lee Job 42 y observa cómo cambiaron sus pensamientos falsos sobre Dios en un instante.

A través de la oración, nos encontramos cara a cara con Dios y continuamos la obra que comenzamos en el capítulo anterior de examinar nuestros pensamientos. Este autoexamen queda completo cuando vemos nuestros pensamientos, volteamos a Dios y consideramos cómo Él nos ve a nosotros.[3]

Cuando oras tus pensamientos, ¿cómo te imaginas que Dios te ve a ti? El Salmo 139:23 nos ofrece un vistazo. Al acercarnos a Dios, Él examina y conoce nuestro corazón; prueba y conoce nuestros pensamientos ansiosos. Él ve nuestros caminos ofensivos, y aun así decide llevarnos por el camino eterno (cf. v. 24, NVI).

Cuando tú le oras tus pensamientos a Dios, Él te mira con amor, misericordia y compasión. Él no te ama porque tengas un pensamiento verdadero, honorable, puro, o digno de elogio. Su amor no desaparece porque peques con tus pensamientos o porque no parezca que puedas escapar de esos pensamientos llenos de sufrimiento. El amor de Dios por ti está presente en medio de tus pensamientos indeseados. No es una recompensa por transformarlos.

Mira a tus pensamientos indeseados, y es probable que encuentres sufrimiento y pecado. Mira a Dios, y si lo haces bien, verás Su amor y aceptación. Mira cómo Dios te mira, y verás en ti mismo la justicia de Dios (cf. 2 Co 5:21). Cuando contemplamos a Dios correctamente y nos vemos a nosotros mismos como Él nos ve, entonces podemos encontrar el poder para cambiar.

Nuestros pensamientos son transformados no por fuerza de voluntad, sino a través de una relación y una conexión. La presencia de Dios es poderosa porque, en ella, tenemos un encuentro con Su carácter. Vemos quién es Él y qué significa eso para nuestra vida. Tener un encuentro con la santidad y la gracia de Dios es la motivación que necesitamos para alejarnos de esos pensamientos llenos de pecado. La quietud que encontramos en Su presencia fiel calma nuestros pensamientos incesantes y nuestra angustia. Su compasión y Su amor nos ayudan a creer la verdad cuando no parece corresponder con nuestra realidad. Abandonamos los pensamientos de remordimiento al recibir Su perdón. Encontramos ayuda para los pensamientos de desesperanza al meditar en Su bondad. Decirnos a nosotros mismos que tenemos que pensar algo diferente es inadecuado. Tener un encuentro con Dios y experimentar quién es Él en nuestra vida tiene el poder para cambiarlo todo.

ORA LA PALABRA DE DIOS

Dios transforma nuestros pensamientos mediante Su Palabra. Su Palabra es la verdad que hace libre nuestra mente (cf. Jn 8:32; 17:17). La oración comienza con pensamientos sin censura y avanza hacia la verdad y la ayuda que encontramos en las Escrituras.

Hablaremos más en el capítulo 5 sobre cómo meditar en la Palabra de Dios transforma nuestros pensamientos. Por el momento, consideremos dos maneras en que las Escrituras nos ayudan al orar nuestros pensamientos.

En primer lugar, las Escrituras nos ayudan a verbalizar nuestros pensamientos y sentimientos cuando nos cuesta trabajo saber qué pedir en oración. Los Salmos pueden ser especialmente útiles en esto. Son oraciones que nos ayudan a llevar todo tipo de pensamientos, emociones y circunstancias delante del Señor. Cuando estamos tristes, orar el Salmo 13 puede dirigirnos en nuestro lamento. Cuando hemos pecado, orar el Salmo 51 puede llevarnos al arrepentimiento y a la renovación. Cuando nos sentimos gozoso —o quizás hasta más cuando no—, orar el Salmo 145 puede ofrecernos palabras de alabanza. Cuando las palabras te fallen, ora los Salmos. Te ayudarán a saber qué decir.

En segundo lugar, las Escrituras nos ayudan a organizar el contenido de nuestro corazón y de nuestra mente al orar. A medida que derramas tu corazón ante Dios y expones el montón de tus pensamientos a Sus pies, verás con más claridad y podrás organizar el desastre. Este es un buen momento para regresar a las cuatro preguntas del capítulo anterior mientras oras. ¿Tus pensamientos son verdaderos? ¿Son útiles? ¿Son apropiados? ¿Están completos? Estas preguntas pueden ayudarte a identificar qué pensamientos debes retener, cuáles debes descartar y qué nueva información quieres agregar a ese montón de pensamientos.

Si no usamos las Escrituras como nuestra guía para responder a estas cuatro preguntas, encontraremos nuestra verdad en otra parte. La obtendremos de los influyentes, de la cultura o de cualquier opinión o creencia que más nos ayude a encontrarle sentido a la situación actual. Al orarle nuestros pensamientos a Dios, ¿descubriremos nuestra fuente suprema de ayuda y de verdad en las Escrituras? ¿O buscaremos en otro lado?

LA ORACIÓN GUIADA PUEDE AYUDAR

Si necesitamos la verdad que se encuentra en las Escrituras y la relación que se encuentra en la presencia de Dios para trasformar nuestros pensamientos, la conclusión lógica es que probablemente debamos leer nuestra Biblia y orar más a menudo. Si eres como yo, es más fácil decir esto que hacerlo. Tendemos a olvidarlo, a no darnos el tiempo o a sentirnos demasiado abrumados como para comenzar. La vida nos empuja en muchas direcciones. Terminamos absortos en nuestro teléfono, distraídos por los niños pequeños e interrumpidos por nuestro trabajo. La ansiedad, la depresión, los problemas de salud, los conflictos relacionales y cualquier otro tipo de circunstancia de vida puede dificultar la oración.

Al pensar en estos retos, me llama la atención la realidad de que Jesús guio a las personas en oración (cf. Lc 11:1-4). En lugar de decirles a Sus discípulos que se fueran a orar más, se quedó con ellos y les dijo qué debían decir. Las oraciones guiadas nos conducen hacia cosas que podrían sernos útiles orar. Pueden ayudarnos a concentrarnos cuando orar nos parece difícil.

En un momento, te guiaré por una oración que te ayudará a llevar tus pensamientos delante de Dios. Entrar a Su presencia te dará la oportunidad de pedirle que te ayude a transformar tus pensamientos. Nuestros pensamientos a menudo son una respuesta a nuestras circunstancias, así que comenzarás la oración identificando una situación retadora que ha impactado negativamente tu vida mental.

Te animo a usar esta oración ahora mismo correctamente en vez de ser superficial o de leerla sin detenerte a hablar con Dios. Si alguien está cerca de ti, puedes pedirle que te lea el texto en voz alta. También puedes leerlo por cuenta propia y cerrar tus ojos cada vez que se te dé la instrucción de detenerte.

UNA ORACIÓN GUIADA PARA TRANSFORMAR TUS PENSAMIENTOS

Anda, ponte en una posición cómoda. Si alguien te está leyendo esto en voz alta, puedes elegir cerrar tus ojos. Si estás leyendo por cuenta propia, tómate un momento para distanciar tu mente de las distracciones a tu alrededor.

Cuando te sientas acomodado y listo, trae a tus recuerdos la semana pasada para encontrar un punto de partida para tu oración. Identifica una situación difícil específica que ocurrió hace poco y con la cual sigues batallando. Visualízala en tu mente. ¿Dónde estabas? ¿Qué estabas haciendo? ¿Quién más estaba presente?

Detente brevemente para recordar

Al continuar, tal vez haya momentos en los que te sea difícil concentrate. Puede ser que tus pensamientos divaguen hacia lo que tienes que hacer más tarde o que termines obsesionándote en algo que te preocupa. Si esto sucede, ten en mente que es normal. Solo identifica hacia dónde quieren desviarse tus pensamientos y, con gentileza, vuelve tu atención a la oración.

Permítele a tu mente visualizar de nuevo la situación que identificaste. Conforme se desarrollaba la situación, ¿qué pensamientos te pasaron por la mente? Identifica algunos de los pensamientos que te fueron más pertinentes.

Detente brevemente para recordar

Ahora, sin dejar de imaginarte la situación, recuerda qué sentiste. ¿Qué emociones, una o dos, sentiste con mayor intensidad?

Detente brevemente para recordar

Deja de pensar acerca de tus pensamientos y emociones, y mejor preséntalos delante de Dios. El Salmo 62 te anima a derramar tu corazón delante de Dios. Esto significa decirle lo que estás pensando y sintiendo y con qué estás batallando. Tómate el tiempo ahora mismo para hablar con Él como lo harías con un amigo. No te censures. No intentes presentarle solo los pensamientos «correctos» o los que supones que deberías tener. Compártele los pensamientos que en verdad están allí.

Detente para orar

Tómate un momento para recordarte a ti mismo que Dios está presente. Él está aquí contigo en la habitación. El Salmo 46:1 dice que Dios es «tu refugio y fortaleza», tu «pronto auxilio en las tribulaciones». Sin importar qué pensamientos o emociones estés experimentando, permítete estar consciente de que Dios está contigo. Medita en Dios como tu ayuda presente.

Detente para orar

A medida que sigues procesando tus pensamientos con Dios, habla con Él sobre las primeras tres preguntas del autoexamen. ¿Mis pensamientos son verdaderos? ¿Son útiles? ¿Son apropiados a mi situación? Permite que las Escrituras te dirijan. El Salmo 119:105 nos recuerda que la Palabra de Dios es lámpara a nuestros pies y luz para nuestro camino. Su Palabra nos muestra a dónde ir y qué hacer. ¿Tus pensamientos son guiados por las Escrituras? Si no es así, ¿qué verdades de las Escrituras debes recordar?

Detente para orar

Habla con Dios sobre la última pregunta del autoexamen. *¿Tus pensamientos están completos? ¿O has olvidado o menospreciado verdades importantes que necesitas para tener una perspectiva más plena?* Mientras consideras esto, medita en el carácter de Dios y en tu identidad. Considera quién es Dios y quién dice Él que eres tú. Evalúa cada uno de tus pensamientos a la luz de Jesús y de lo que Él ha hecho por tu alma.

Detente para orar

Pregúntate cómo puede ser que Dios te esté invitando a actuar. ¿Qué pasos puede estarte invitando a dar en respuesta a la verdad que te ha mostrado? Una vez que hayas identificado una acción, ten presente una imagen de ella en tu mente. Habla con Dios sobre cómo cumplirás.

Detente para orar

Al finalizar tu tiempo de oración, comprométete a creer las verdades que has recordado de las Escrituras. Al inhalar, ora: *Señor, yo creo*. Al exhalar, ora: *ayúdame en mi incredulidad*. Sigue meditando en estas palabras de Marcos 9 hasta que un sentimiento de calma llene tu cuerpo y tu alma.

Detente para orar

Cuando te sientas listo, inhala una última vez. Exhala y abre tus ojos. ¿Qué percibes? ¿Cómo te sientes?

3

HAZ DESCANSAR TUS PENSAMIENTOS

Estoy sentada afuera en mi silla favorita mientras escribo. El sol calienta mi rostro mientras una brisa recia golpea mi cuerpo. La temperatura está perfecta. No puedo evitar detenerme al escribir para disfrutar del puro placer de estar en el exterior.

Vivo en los suburbios, y es sorprendente cuánta vida silvestre puedo notar cuando me detengo a prestar atención. Una ardilla corre a toda velocidad como si nuestro jardín fuera suyo. Dos petirrojos pasan volando, un cuervo se posa sobre nuestra reja y un pajarito amarillo de especie desconocida busca algún aperitivo en la hierba. Un abejorro bebe con flojera de un arbusto con flores brillantes.

He estado encerrada durante todo el invierno y, de pronto, es primavera. Cierro mis ojos y disfruto del coro envolvente de graznidos y gorjeos. La agradable cacofonía de sonidos de ave es mucho más fuerte de lo que percibí cuando estaba enfocada en mi trabajo. Palabras y sentimientos positivos llenan mi mente y mi alma. *Calidez. Paz. Quietud. Sol. Descanso. Gracias, Dios, por este momento.*

Estoy agradecida por la interrupción. En esta época, la vida es atareada. A menudo, me paso el día entero trabajando en mi computadora, solo para verme atraída a mi celular cada vez que tomo un descanso. Me encanta mi trabajo. También estoy agradecida por la conveniencia, la conexión y el entretenimiento que encuentro cada vez que abro mi teléfono. Aun así, el constante flujo de información, de datos y de opiniones a veces deja a mi mente llena de pensamientos intranquilos y frenéticos para el final del día.

Debido a que sé que mi mente tiende a agotarse, busco a propósito momentos en los que puedo hacer a un lado mi teléfono y salir. No necesito ir muy lejos. Unos cuantos minutos sentada en mi jardín trasero o una corta caminata por el parque del vecindario suele ser suficiente para ayudarme a despejar mi mente. Me hace bien respirar el aire fresco y permitirme no hacer más que existir sin trabajar o consumir información. El momento de mayor paz para mi mente es cuando detenidamente creo un espacio para hacer una pausa en un lugar tranquilo y hermoso en el exterior, sin la compañía de mi teléfono.

Pienso que estos momentos me ayudan a poner en práctica la invitación de Jesús de dejar a un lado mis preocupaciones, mi estrés y mi temor. Miro las aves y las flores y todo lo que Él ha creado, y le doy gracias a Dios por Su bondad y cuidado hacia mí (cf. Mt 6:25-30). Esto es un descanso para mi mente. Es la forma en que alejo mi atención del agotamiento de la angustia y del trabajo y escojo meditar en la belleza y en la bondad de todas las cosas que Dios ha creado.

DESCANSO DE LAS CONSTANTES DISTRACCIONES Y AJETREOS

Nuestra mente necesita descansar tanto como nuestro corazón y nuestra alma. Este descanso puede ser difícil de encontrar porque muchos vivimos en un estado constante de ajetreo y de distracción. Nos sumergimos en el trabajo y llenamos nuestra agenda hasta reventar. Evitamos el silencio y la soledad, y utilizamos la tecnología digital en todo momento que no obligue a estar solos.

Aunque de buena gana acepto los muchos beneficios de la tecnología, las estadísticas nos obligan a enfrentar el impacto preocupante que tienen los teléfonos inteligentes, las redes sociales y el consumismo mecánico de información y de entretenimiento en nuestro estado mental. Un índice alto de uso de un teléfono inteligente aumenta tanto la probabilidad de que las personas sufran de ansiedad como su percepción de niveles de estrés.[1] Los expertos han atribuido los aumentos alarmantes en las tasas de suicidio y de depresión entre adolescentes en parte a la aparición de las redes sociales y de los teléfonos inteligentes.[2] El uso desenfrenado de la tecnología puede afectar el sueño y reducir nuestro deseo de buscar comunidades en persona. Sin un sueño adecuado y sin personas que nos ayuden a desmenuzar nuestros pensamientos, el proceso de cambio puede volverse más difícil.

Es irónico que a veces acudamos a la tecnología para aliviar nuestros problemas relacionados con el pensamiento. Nuestros teléfonos se han convertido en «chupetes digitales» que nos ayudan a evitar sentimientos difíciles y pensamientos problemáticos.[3] Me di cuenta de esta tendencia en mí misma cuando salió la aplicación de tiempo en pantalla en el iPhone. Me sorprendió cuánto aumentaba mi uso del teléfono en los días en que estaba ansiosa. En lugar de detenerme para conocer u orar mis pensamientos, acudía a mi teléfono y me ponía a divagar.

Richard Foster ha llamado a esta distracción constante de la tecnología «el principal problema espiritual de la cultura contemporánea».[4] Las multitareas fomentadas por las tecnologías del internet han secuestrado nuestra capacidad de prestar atención.[5] Esto hace que nos sea más difícil concentrarnos durante un tiempo prolongado en las disciplinas espirituales. Tenemos menos espacio, deseo y habilidad de examinar nuestros pensamientos en la soledad de nuestra mente. Tenemos menos momentos de silencio y menos capacidad de concentrarnos en traerle a Dios nuestros pensamientos en oración durante un lapso adecuado.

En respuesta a nuestra prisa y distracción, Dios nos extiende una invitación. Al leer las Escrituras, me lo imagino diciéndonos estas palabras a ti y a mí: Apártate a un lugar de descanso (cf. Mr 6:31). Detente y disfruta de la belleza y la bondad del mundo que he creado. Permíteme mostrarte cómo revela quién soy (cf. Mt 6:25-30).

APÁRTATE Y DESCANSA

Cuando Jesús vio a Sus discípulos sobrecogidos por el agotamiento de su trabajo, les dijo: «Vengan, apártense de los demás a un lugar solitario y descansen un poco» (Mr 6:31). Apártense. Es una invitación que necesitamos. Apartarte significa separarte de algo. En el caso de los discípulos, necesitaban separarse del bullicio del ministerio. Se alejaron de la gente y se dirigieron a un lugar donde pudieran estar solos. Cambiaron su ubicación y su contexto para satisfacer mejor su necesidad de descanso y de comunión con Dios.

¿Qué hay de ti? Considera qué te apresura y te distrae. ¿Qué agota tu mente? ¿Qué pone tus pensamientos en estado frenético? ¿Qué impide tu autorreflexión o se entromete entre ti y ese tiempo para orarle tus pensamientos a Dios? ¿De qué tienes que apartarte?

Para mí, la respuesta es evidente. Mi trabajo me apresura. Un flujo constante de información me distrae. Leo las noticias mientras como el almuerzo, escucho audiolibros mientras hago los quehaceres y leo libros o miro televisión en mis tiempos libres. Los mensajes de texto, las llamadas por video, las juntas y los proyectos del trabajo saturan mi día. Estas actividades no tienen nada de malo. Son buenas dádivas que a menudo me ayudan a aprovechar al máximo mi tiempo y mi energía mental. Al mismo tiempo, demasiadas de estas actividades sin descanso provocan una sobrecarga de información. Mi mente se llena de pensamientos inquietos que pueden distraerme de observarme a mí misma y de conectar con Dios.

Un monólogo interior incesante.* Puede que este sea el tipo de pensamiento con el que más lucho. La velocidad de mis pensamientos tiende a corresponder con la cantidad de trabajo mental que estoy llevando a cabo. Mi sobrecarga mental me acompaña a la cama, donde sigo generando listas de compras, rescribiendo frases y párrafos, ponderando problemas laborales, considerando cómo responderé a un mensaje de texto y repasando la lista de quehaceres en mi mente. Para romper el ciclo, necesito alejarme a propósito del trabajo en diferentes puntos a lo largo del día. Necesito apartarme.

Para mí, apartarme siempre significa tomarme tiempos intencionados de soledad, alejada de otras personas. Significa comenzar mi mañana con Dios en las Escrituras y en la oración. También significa tener tiempos definidos en los cuales me distancio de la sobrecarga de información.

La primera desintoxicación digital que completé fue después de leer el libro de Cal Newport *Minimalismo digital*.[6] Unos cuantos años después, descubrí el concepto de la privación de lectura en el libro de Julia Cameron *El camino del artista*.[7] He llegado a considerar la privación de lectura en términos de un ayuno de información. Durante una semana en el verano del 2020, me aparté de toda información innecesaria. Pasé mucho tiempo sentada afuera, escribiendo en mi diario. Tuve más tiempo para orar. A veces, no pensaba mucho y tan solo descansaba

---

* Las estrategias en este capítulo pueden ser útiles para cualquier tipo de pensamientos, pero pueden ser especialmente útiles para la categoría de frenesí de ideas y monólogos interiores incesantes, descrita en la introducción.

mi mente. Otras veces, escudriñaba con mucha atención mis pensamientos. Descubrí cosas sobre mí misma que no había conocido antes. El verdadero contenido de mis pensamientos y el estado de mi corazón se aclararon.

Ayunar de la información es una manera de apartarnos cuando tomar vacaciones del trabajo no es posible y las demandas del ministerio y de la familia resultan inevitables. Si los momentos de soledad son pocos e infrecuentes, aun así podemos reducir el bullicio a nuestro alrededor.

Te animo a probar este tipo de ayuno al menos una vez durante este proceso de transformar tus pensamientos. Lo puedes hacer escogiendo un periodo en el que ayunarás de todo consumo innecesario de información. Este periodo podría ser de quince minutos, de una hora, de un día o hasta de una semana. Durante este periodo, evitarás la televisión, la música, los libros (excepto la Biblia), las redes sociales, los pódcast, los videojuegos, las noticias y cualquier otra forma de consumo mediático y de información.

Julia Cameron señala que apartarse así de la información a menudo genera tiempo adicional.[8] Considera utilizar algo de este nuevo espacio que has generado para la escritura en un diario, la reflexión y las estrategias de oración que ya hemos explorado. Luego, usa el resto de tu tiempo extra para detenerte y practicar actividades que le permitan a tu mente descansar.

Retoma pasatiempos olvidados. Termina proyectos en la casa. Aparta una hora para caminar. Siéntate afuera. Hornea galletas y cómetelas despacio. Planta un árbol. Juega con tus hijos. Fija tu atención en disfrutar la belleza y la bondad de todo lo que Dios ha creado. Te daré algunas ideas de cómo podrías hacerlo en la siguiente sección. Permite que estos tiempos de meditación y reflexión en la creación de Dios te recuerden quién es Dios y todo lo que ha hecho por ti.

MEDITA EN LA CREACIÓN DE DIOS

El concepto de meditar en la creación de Dios puede parecerles a algunos extraño o cuestionable. Sin embargo, esta práctica se encuentra todo a lo largo de las Escrituras. También ha sido detallada en los escritos de los puritanos,[9] quienes escribieron muchísimo sobre la meditación bíblica y la consideraban parte esencial de la vida cristiana. Ellos identificaron dos tipos de meditación, las cuales denominaron meditación deliberada y meditación ocasional.[10]

La meditación deliberada es la práctica más familiar de reflexionar sobre las verdades de las Escrituras y considerar cómo aplican a nuestra vida. Hablaremos en detalle sobre esta práctica en el capítulo 8. *La meditación ocasional* es la práctica menos familiar de observar tu vida diaria y considerar cómo te recuerda la verdad que se encuentra en las Escrituras. Es la capacidad informal, espontánea e imaginativa de meditar en los momentos cotidianos que simbolizan verdades espirituales. Mediante la meditación ocasional, puedes considerar las obras de Dios en el mundo y reflexionar en las formas en que el orden creado por Dios expresa quién es Él y lo que ha hecho (cf. Sal 77:12).

Jesús ejemplificó la meditación ocasional cuando utilizó ejemplos cotidianos como el pan, el agua, la semilla de mostaza, las perlas y las vides para ilustrar verdades espirituales.[11] En nuestra vida diaria, encontraremos oportunidades abundantes para observar la creación de Dios de maneras que despiertan un entendimiento más profundo de cómo afecta Su Palabra nuestra vida. Observar el cuidado de Dios por las aves y los lirios nos recuerda su profundo amor y preocupación por nosotros (cf. Mt 6:26-30). Levantar la mirada hacia el firmamento despierta en nosotros un sentido de asombro ante la gloria de Dios (cf. Sal 19:1). Observar una colonia de hormigas trabajadoras nos mueve a considerar nuestra propia responsabilidad de trabajar duro para el Señor (cf Pr 6:6). ¿Qué otros recordatorios sorprendentes encontraríamos si nos detuviéramos y nos tomáramos el tiempo para prestar atención detallada?

Para ayudarte a entender mejor la meditación ocasional, quiero guiarte en una de mis formas favoritas de practicarla.

Prueba y ve la bondad de Dios al comer alimento delicioso

Comencemos con una meditación que puedes probar ahora mismo. Apaga tu teléfono celular o colócalo donde no puedas alcanzarlo. Toma tu Biblia y lee con detenimiento el Salmo 34:8-10: «Prueben y vean que el Señor es bueno. ¡Cuán bienaventurado es el hombre que en Él se refugia! Teman al Señor, ustedes Sus santos, pues nada les falta a aquellos que le temen. Los leoncillos pasan necesidad y tienen hambre, pero los que buscan al Señor no carecerán de bien alguno». Léelo una vez más, tal vez en voz alta, y esta vez con más detenimiento.

Detente para leer y reflexionar

Una vez que hayas terminado, levántate y ve por algo que disfrutes comer o beber. Tómate tu tiempo. Sírvete una taza caliente de café o de té. Hazte un aperitivo delicioso. Encuentra una barra de granola, un pedazo de chocolate o una manzana crujiente. O bien, toma un vaso de agua fría y refrescante. Siéntate en algún lugar con tu comida o bebida. Cómela o bébela lentamente, sin hacer nada más. Asegúrate de que tu teléfono y tu televisión estén apagadas. Evita el ocuparte en muchas cosas. Aprecia y disfruta cada probada de tu comida o bebida. Fíjate en cualquier aroma agradable. Presta atención a su textura. Percibe cualquier sentimiento agradable de calor o de frío. Considera cómo cada bocado o sorbo activa tus papilas gustativas de forma única.

Detente para saborear tu comida o tu bebida

Al saborear la experiencia, prueba y ve la bondad de Dios para contigo. Agradécele por todas las formas en que suple tus necesidades de comida, de bebida y de tantas cosas más. Considera cómo no te falta nada. Recuerda las muchas maneras en que Dios te ha bendecido cuando lo has buscado y te has refugiado en Él. No te apresures. Disfruta este tiempo. Al tomar ese último bocado o sorbo, detente para apreciar cómo te sientes. Tómate un momento para agradecerle a Dios por las maneras en que se encontró contigo en este sencillo tiempo de meditación.

Recuerda el cuidado de Dios mediante la observación de Su creación

Considera otra meditación que quizás requiera un poco más de planeación. Si tienes tiempo ahora mismo, encuentra un lugar agradable donde sentarte o caminar en el exterior. De lo contrario, agenda un tiempo en tu calendario para salir de excursión, sentarte en el jardín, caminar por el vecindario o conducir a un lugar hermoso.

Antes de salir, lee con detenimiento Mateo 6:25-30. Léelo varias veces y medita en las palabras de Jesús.

Detente para leer y reflexionar

Al salir, pon tu teléfono en modo silencioso o déjalo en casa. Luego, tómate unos minutos para, poco a poco, entrar en una mentalidad relajada.

¿Estás enfrentando algún problema que requiera tu atención inmediata o que no puedas sacarte de la cabeza? Si identificas un problema inmediato, permítete considerarlo. A veces, necesitamos reconocer nuestros pensamientos inquietos mediante intentar entenderlos y buscarles soluciones antes de poder dejarlos ir. Por unos cuantos minutos, dale toda tu atención a este problema.

Primero, observa al problema con atención. Examínalo a detalle, mirándolo desde todos los ángulos y lados posibles.

Detente para reflexionar

Luego, extiende tu perspectiva. Mira el panorama general. ¿Qué otras personas están involucradas? ¿Con qué lugares, situaciones u otros aspectos de tu vida está conectado este problema? Busca entender tu problema tanto como puedas.

Detente para reflexionar

¿Hay algo que puedas hacer para solucionar este problema? ¿Qué significaría buscar primeramente el reino de Dios en esta área de tu vida? Considera los pasos que tendrías que tomar.

Detente para reflexionar

Una vez que hayas reconocido lo que puedes hacer ante este problema, identifica todas las cosas que no puedes solucionar ni controlar. ¿Qué partes de este problema debes soltarle a Dios? Recuerda las palabras de Jesús: «¿Quién de ustedes, por ansioso que esté, puede añadir una hora al curso de su vida?» (Mt 6:27). Dios sabe lo que necesitas. Él promete proveer para ti. Descansa en esta promesa y toma la decisión consciente de dejar a un lado las preocupaciones de tu día.

Detente para reflexionar

Remplaza el sonido de tus preocupaciones con la belleza de tus alrededores. Recuerda lo que dijo Jesús sobre las aves del cielo:

«No siembran, ni siegan, ni recogen en graneros, y sin embargo, el Padre celestial las alimenta. ¿No son ustedes de mucho más valor que ellas?» (Mt 6:26). Considera lo que dijo Jesús sobre los lirios del campo: «No trabajan, ni hilan [...]. Y si Dios así viste la hierba del campo, que hoy es y mañana es echada al horno, ¿no hará Él mucho más por ustedes, hombres de poca fe?» (Mt 6:28, 30).

Detente para reflexionar

Ten en mente estas palabras mientras estás sentado o caminando. Observa de forma intencionada los detalles de la creación de Dios. *¿Qué ves?* Fíjate en las plantas, los insectos y los animales. Mira a la distancia. Levanta la mirada hacia el cielo. Baja la mirada hacia la tierra. Cuando algo interesante te llame la atención, acércate. Permite que los detalles de todo lo que Dios ha hecho fascinen tu mente.

Detente para observar

Fíjate en tus demás sentidos. *¿Qué sientes en tu cuerpo y en tu piel?* Siente el calor del sol o la brisa fresca. *¿Qué escuchas cuando prestas atención?* Escucha a los pajarillos gorjear, a las hojas susurrar y al viento soplar. *¿Qué aromas o qué sabores percibes?* Inhala el aroma de la hierba recién cortada o de las flores silvestres. Toma un sorbo de agua y nota su sabor sutil y refrescante.

Detente para prestar atención

Descansa tu mente en la bondad de la creación de Dios. Busca la belleza y el color. ¿Qué ves que te fascina? Medita en cómo Dios suple las necesidades de Su creación y en Su promesa de suplir tus necesidades también. La bondad de Dios llena toda la tierra. Quédate quieto y en silencio por un momento y permite que tus ojos, tus oídos, tu piel, tu nariz y tus papilas gustativas lo saboreen.

FÍJATE EN LOS MOMENTOS PASAJEROS Y AGRADABLES DE LA VIDA

Quizás no tengas tiempo para salir unos minutos. O quizás quisieras poder sentarte y saborear tu comida sin ser interrumpido por el trabajo o por niños pequeños. Sin importar cuán atareada sea tu vida, siempre habrá maneras de detenerte en medio de tu trabajo y de tu vida cotidiana para notar momentos pasajeros y agradables. Encontrarás a continuación una lista de ideas con las que puedes empezar. No sientas que tienes que practicar todas estas ideas en este momento. Puedes familiarizarte con estos ejemplos y regresar a ellos cuando lo necesites.

Medita en el Salmo 131:2 mientras cuidas de niños pequeños

Mientras arrullas a tu bebé o abrazas a un niño enfermo, medita en estas palabras: «Sino que he calmado y acallado mi alma; como un niño destetado en el regazo de su madre, como un niño destetado está mi alma dentro de mí». Permite que tu amor y cuidado por tu hijo te recuerden el amor y el cuidado de Dios por ti. Imagina acallar tu alma delante de Dios. Considera cómo la seguridad que siente el niño en tus brazos refleja la seguridad de tu alma en el amor de Dios.

Permite que tu respiración te recuerde alabar a Dios, quien te da vida

Cierra tus ojos y respira de forma natural. Nota a qué se siente ese aliento al entrar y salir de tu cuerpo. Concéntrate más. ¿Dónde sientes tu respiración con mayor fuerza? Permite que cada inhalación se convierta en una oportunidad para alabar al Señor (cf. Sal 150:6). Permite que cada exhalación te recuerde que es el aliento del Todopoderoso lo que te da vida (cf. Job 33:4).

Medita en la provisión de Dios mientras amasas pan[12]

El acto de amasar nos ofrece una oportunidad para meditar en la provisión de Dios. Al estirar la masa, ora: *Danos hoy*. Al doblar la masa, ora: *el pan nuestro de cada día*. O define tus propias palabras que usarás para meditar que correspondan con el estirar y el doblar tu masa.

Medita en el agua como símbolo de la forma en que Dios ha limpiado tu pecado

Cuando te bañes, te laves las manos o laves los platos, recuerda cómo has sido incorporado a la familia de Dios en el bautismo. Imagina cómo eres limpiado de todo tu pecado a través de la obra salvadora de Jesús.

Utiliza tu tiempo de camino al trabajo para descubrir tu propia meditación

La siguiente vez que vayas en tu auto a algún lado, tómate un descanso de la música, las noticias, los pódcast y los audiolibros. En su lugar, mira por la ventana y observa el paisaje. ¿Qué ves? ¿Qué escuchas, sientes y hueles? ¿De qué maneras puede tu observación intencionada de un cielo azul, una calle concurrida, una brisa ligera, un rayo cálido de sol, un paisaje hermoso o un aroma intenso apuntarte hacia Dios?

Al intentar uno de estos ejemplos o inventar uno propio, concentra tu atención en dos direcciones. En primer lugar, busca a Dios en tu experiencia. Busca recordatorios de quién es Él, de qué ha hecho y de qué verdades podría querer que tú recuerdes hoy. En segundo lugar, enfócate en las sensaciones físicas de la experiencia. Saborear qué sentimos en nuestro cuerpo durante una actividad incrementa nuestra capacidad para accesar sentimientos positivos y para recordar memorias positivas en los días por venir.[13]

APÁRTATE Y HAZ DESCANSAR TUS PENSAMIENTOS

Sin importar cuáles sean las preocupaciones o las labores que enfrentes cada día, Dios te extiende una invitación a descansar cuando tu mente se agota. Apártate del ajetreo y de la distracción. Ve a lugares tranquilos de soledad y de reposo. Encuentra momentos de quietud en los espacios vacíos de tu vida. Detente para observar tus pensamientos y derramarlos delante de Dios. Luego, haz descansar tu mente mientras meditas en la bondad y en la belleza a tu alrededor. Permite que todo este mundo te recuerde quién es tu Creador y lo que ha hecho por tu alma.

4

DESENMARAÑA TUS PENSAMIENTOS

Alguna vez estuvo colgado un cuadro en la pared del centro de consejería donde yo trabajé. Las letras decorativas decían: «Los pensamientos se desenmarañan cuando pasan por los labios y las puntas de los dedos».[1] Una cita apropiada para un centro de consejería. Es exactamente lo que sucede allí. Las personas vienen a una oficina, comparten su historia en voz alta y, poco a poco, le encuentran sentido a esos pensamientos que habían tenido enmarañados en su mente.

Si los mantenemos encerrados, nuestros pensamientos permanecen un nudo enmarañado de esperanzas, sueños, temores, pecados, sufrimientos y anhelos correctos e incorrectos. El autoexamen, el tiempo personal con el Señor y el descanso en la creación de Dios no son suficientes para desenredar este nudo. Para poder vernos a nosotros mismos y nuestros pensamientos con mayor claridad, necesitamos el proceso activo de compartir nuestros pensamientos en voz alta con otra persona y recibir retroalimentación.

Si aun no estás teniendo conversaciones como estas o no sabes dónde comenzar, podrías invitar a alguien a leer este capítulo contigo. A lo largo de este capítulo, encontrarás preguntas, sugerencias y ejercicios que tendrán mayor valor si los consideras con la ayuda de otra persona. A medida que compartas tus pensamientos con un amigo sabio y amoroso, es probable que comiences a sentirte menos solo. Al compartirle tus pensamientos en voz alta, un consejero de confianza te puede ayudar a estar más consciente de tus puntos ciegos, e identificará conexiones que no has podido hacer por cuenta propia. Juntos, pueden comenzar a desenmarañar de dónde vienen y a dónde te llevan tus pensamientos.

¿DE DÓNDE VIENEN NUESTROS PENSAMIENTOS?

La mayoría de nuestros pensamientos surgen de forma automática. Nosotros no tomamos una decisión consciente de pensarlos cuando aparecen. Muchas veces, esto significa que ni siquiera estamos plenamente conscientes de los pensamientos que hemos estado pensando hasta después. A menudo, estamos aún menos conscientes de cuánto nuestros pensamientos impactan nuestras emociones y decisiones.

Considera la experiencia de Pam con los pensamientos automáticos. Ella le manda un mensaje de texto a su amiga, y ella no le responde. Cuando las horas pasan a ser días, los pensamientos de Pam comienzan a desviarse. *De seguro no le caigo bien. Esto siempre me pasa. ¿Es tan difícil amarme?* Mientras más le da vuelta Pam a estos pensamientos, más se llena de sentimientos de tristeza, de dolor y de enojo. Le envía a su amiga un mensaje pasivo agresivo y se la pasa despierta toda la noche, esperando su respuesta.

O podría ser otro escenario. Keisha le envía un mensaje de texto a su amiga, y ella no le responde. Cuando las horas pasan a ser días, los pensamientos de Keisha comienzan a desviarse.

Espero que todo esté bien. Tal vez está teniendo problemas en su nuevo trabajo. ¡Qué retadora debe ser esta época de la vida para ella! Mientras más le da vuelta a estos pensamientos, más se llena de compasión y de preocupación. Formula ideas para animar a su amiga y decide enviarle una tarjeta y un arreglo de flores.

Si queremos transformar nuestros pensamientos, una pregunta que debemos considerar es por qué la misma situación puede llevar a diferentes personas a pensamientos tan opuestos. ¿Por qué Pam pensó en automático que es difícil de amar, pero Keisha se preguntó en automático si algo malo le estaba sucediendo a su amiga? En otras palabras, ¿de dónde vienen nuestros pensamientos automáticos? Comencemos a desenmarañar tres factores que están involucrados con nuestros pensamientos automáticos: nuestro corazón, nuestro cuerpo y nuestra historia.

NUESTROS PENSAMIENTOS REVELAN LO QUE HAY EN NUESTRO CORAZÓN

Todo lo que hacemos, incluyendo lo que pensamos, fluye de nuestro corazón (cf. Pr 4:23). Las Escrituras nos dicen que tanto los pensamientos buenos como los malos surgen de la bondad y de la maldad guardada en nuestro interior (cf. Lc 6:45). Nuestros pensamientos nunca son amorales porque «nunca estamos al margen de la obligación de amar y de servir a Dios».[2] Nos relacionamos con el mundo como «agentes morales», responsables delante de Dios por los pensamientos que pensamos.[3] Esto significa que podemos saber algo sobre el estado de nuestro corazón al observar nuestros pensamientos. Detente. ¿Cómo te hace sentir esa enseñanza bíblica?

La gente a menudo se estanca aquí. Les echan un vistazo a sus pensamientos y comienzan a preocuparse. *Si nuestros pensamientos revelan lo que hay en nuestro corazón y mis pensamientos son terribles, entonces de seguro soy terrible. Estos pensamientos de seguro reflejan algo espantoso sobre mí.* Todo pensamiento indeseado nos parece un fracaso moral. El llamado al autoexamen comienza a parecer otra oportunidad más para que alguien nos haga sentir mal por nuestro pecado. Los sentimientos de culpa, temor y vergüenza comienzan a acrecentarse.

Estos sentimientos a veces surgen cuando nos enfocamos demasiado en pasajes de las Escrituras como Jeremías 17:9, el cual habla de lo engañoso y perverso de nuestro corazón. Si leemos este versículo y nos detenemos allí, nos quedaremos estancados en una de esas verdades a medias que se convierten en mentiras, tal como lo mencionamos en el capítulo 1. Muchos pasajes de las Escrituras describen la pureza, el agradecimiento, el amor, la paz, la bondad y la justifica que llenan nuestro corazón también (cf. Sal 9:1; 119:7; Mt 5:8; Lc 6:45; Jn 14:27; Ro 5:5).

Muchos de tus pensamientos son productivos, amables, obedientes, confiados, hermosos y buenos. Tu mente es un regalo. Tus pensamientos te ayudan a trabajar, a divertirte y a conectarte con otros. Tu mente es un manantial de arte, una máquina de resolución de problemas y un ingrediente esencial de tu habilidad para comunicarte y conectar con los demás. Con tu mente, entiendes el evangelio, lo compartes con otros y participas en adoración con el pueblo de Dios. La angustia, la aflicción y el dolor piadosos también proceden de tu mente. No te pierdas de todas las cosas buenas que tu mente tiene que ofrecer.

A medida que sigamos observando nuestros pensamientos, notaremos que algunos son pecaminosos, pero esto no debe llevarnos a la desesperación, sino a Jesús. Como lo veremos más a fondo en el capítulo 6, considerar el evangelio a la par de cada uno de nuestros pensamientos nos libera de desmoronarnos con la culpa, la vergüenza y el temor. En nuestra lucha contra todos nuestros pensamientos indeseados, incluso pensamientos que son pecaminosos, Jesús nos mira con amor, no con condenación.

¿Qué revelan tus pensamientos sobre tu corazón? El escritor del Salmo 26 dice: «Examíname, oh Señor, y pruébame; escudriña mi mente y mi corazón. Porque delante de mis ojos está Tu misericordia, y en Tu verdad he andado» (vv. 2-3). La confianza del salmista para invitar el examen de Dios no procede de su propia fidelidad y pureza. Él tiene la confianza para invitar a Dios a sus pensamientos y anhelos más profundos dada la fidelidad y la misericordia infinitas de Dios hacia él. Cuando le abrimos nuestro corazón a Dios y compartimos nuestros pensamientos con otras personas, podemos tener esta confianza también.

Para continuar el proceso de examinación que comenzamos en los capítulos anteriores; dialoga sobre las preguntas siguientes con algún consejero o amigo de confianza. También es una buena opción escribir sobre ellas en un diario, pero será difícil responder con honestidad a algunas de estas preguntas por cuenta propia. Te será más útil procesarlas con alguien que pueda darte retroalimentación y ánimo.

- ¿Qué pensamientos buenos abundan en tu corazón?
- ¿Con qué pensamientos pecaminosos tiendes a obsesionarte?
- Cuando miras tu corazón, ¿es tu primer instinto condenarte? ¿O puedes permanecer consciente del amor de Jesús por ti?

NUESTROS PENSAMIENTOS SURGEN DENTRO DE NUESTRO CUERPO

A menudo, nos enfocamos únicamente en estrategias espirituales y cognitivas para tratar con nuestros pensamientos. En el proceso, a veces perdemos de vista la profunda influencia que tiene nuestro cuerpo en nuestros pensamientos. No podemos pensar sin usar nuestro cerebro y nuestro sistema nervioso. Tampoco podemos pensar sin que nuestro cuerpo responda a nuestros patrones de pensamiento. Todo pensamiento que tenemos está conectado de alguna manera con nuestra composición fisiológica.

Un método bíblico para transformar nuestros pensamientos debe tener en cuenta que somos un alma en un cuerpo.[4] Nuestra alma es parte de un todo integrado de dos partes que también incluye nuestro cuerpo. En referencia a la naturaleza del hombre, el teólogo John Murray hizo notar que «el hombre es corpóreo y, por lo tanto, la forma bíblica de expresar esta verdad no es que el hombre tiene un cuerpo, sino que el hombre es un cuerpo».[5] Y, ya que somos almas en un cuerpo, «todas las dimensiones teológicas importantes de nuestra persona (es decir, el alma, el espíritu, la voluntad, la conciencia, la mente, el corazón) emergen o emanan de nuestro ser físico».[6]

Lidiar con nuestros pensamientos al lidiar con nuestro corazón tiene que ver directamente en parte con el propósito por el cual Dios nos creó. Las personas a menudo se estancan cuando tratan los pensamientos que tienen un componente físico como si fueran únicamente problemas espirituales. Los traumas, las hormonas, los medicamentos y diversos problemas médicos pueden ejercer una influencia considerable en nuestros patrones de pensamiento. Lidiar con estos componentes físicos a menudo ayuda a las personas a lograr avances cuando han estado estancadas.

Algunos pensamientos son síntomas físicos creados por nuestro cuerpo

Una persona que vive con la enfermedad de Alzheimer experimenta una pérdida de la memoria y un decremento en sus procesos mentales, provocados por una condición física. Si esta persona comienza a creer que su esposa sigue viva cuando en realidad ha muerto, este pensamiento se puede reconocer como un síntoma físico que ha surgido por la manera en que la enfermedad de Alzheimer daña el cerebro. Los delirios son otro tipo de pensamiento que a menudo se puede clasificar como un síntoma físico. Cuando una persona que vive con esquizofrenia tiene un delirio de estar siendo perseguida por el FBI, este pensamiento es un síntoma físico. En términos de categoría, debemos considerar estos pensamientos de la misma manera que consideramos otros problemas físicos como la ceguera o la influenza.[7]

Otros pensamientos causan cambios en nuestro cerebro que perpetúan esos pensamientos con el paso del tiempo

Cuando pensamos una y otra vez lo mismo sin cesar, esto transforma la estructura de nuestro cerebro a nivel neuronal para que ese pensamiento surja más automáticamente. Nuestros pensamientos se convierten en hábitos que son reforzados por vías nerviosas profundamente arraigadas. Esto no significa que seamos impotentes para cambiar nuestros pensamientos solo porque estos han cambiado nuestro cerebro. Sencillamente, significa que tendremos que ser persistentes en nuestros esfuerzos por conectar el cableado de nuevos hábitos en nuestra mente.

Los pensamientos indeseados a menudo son provocados por una combinación de factores físicos y espirituales

Al considerar las muchas condiciones que abarcan nuestra vida mental, a menudo no sabremos dónde termina la parte física o espiritual y dónde comienza la otra. Existe un debate respecto al papel exacto del cuerpo en diferentes problemas del pensamiento relacionados con la salud mental, incluyendo la ansiedad y la depresión. Estos debates son entendibles. Somos seres complejos. A medida que intentamos descubrir las causas de los diferentes tipos de pensamientos indeseados, lo que buscamos evitar es cualquier tendencia a moralizar el sufrimiento o los síntomas físicos.

El cuerpo es, en esencia, una creación buena.[8] Ninguna parte de nuestro cuerpo, incluyendo nuestro cerebro, es la fuente de nuestro pecado ni puede *hacernos* pecar.[9] Muchos pensamientos son muy influenciados por el cuerpo, y el sufrimiento que el cuerpo provoca debe ser atendido, incluso cuando hay pecado de por medio también.

¿Cómo ha influenciado tu cuerpo *tus* pensamientos? Si te has preguntado si tu composición física juega un papel importante en el origen de tus pensamientos indeseados o en la razón por la que no puedes escapar de ellos, he aquí hay algunas señales de que este pudiera ser el caso.

- Los pensamientos aparecieron de forma repentina en tu vida adulta y no parecen tener conexión alguna ni con circunstancias difíciles que has experimentado ni con decisiones pecaminosas que has tomado. Los pensamientos indeseados que están relacionados con la salud mental y emocional de una persona a menudo aparecen de forma gradual, y puede que hayan aparecido en una edad temprana. La aparición repentina de pensamientos de angustia a una edad más avanzada puede ser señal de un origen físico, como un problema neurológico o una infección.[10]
- Los pensamientos comenzaron después de que experimentaste un trauma importante o cuando estabas pasando por estrés crónico que pudo haber alterado tu sistema inmune o causado una reacción exagerada de tu sistema nervioso. Hablaremos más sobre cómo estos cambios afectan tus procesos de pensamiento en el capítulo 10.
- Los pensamientos están acompañados de síntomas físicos importantes que parecen agravarlos (p. ej.: insomnio, palpitaciones cardíacas, dolores de cabeza, cambios de

apetito, problemas digestivos, falta de coordinación, dolores generales, agotamiento y agitación). Por ejemplo, la ansiedad puede causar síntomas como el insomnio y la frecuencia cardíaca acelerada, y estos síntomas pueden generar un círculo vicioso de mayor ansiedad.

- Los pensamientos comenzaron después de empezar o dejar de tomar algún medicamento. Esto sugiere que podrían ser o efectos secundarios o síntomas de privación (por ejemplo, algunos antidepresivos pueden provocar pensamientos suicidas).[11] O bien, los pensamientos parecen estar relacionados con tu consumo de alcohol, de cafeína o de otras sustancias (por ejemplo, la ansiedad es un síntoma común de la privación de alcohol).
- Puedes identificar otros miembros de tu familia inmediata o extendida que han sufrido el mismo tipo de pensamientos. Esto puede indicar un posible componente genético.
- Has sido diagnosticado con una condición médica que se sabe puede afectar la salud y los procesos mentales de una persona (p. ej., los problemas de la tiroides, las lesiones cerebrales por trauma, la exposición a químicos tóxicos, la enfermedad de Parkinson, la enfermedad crónica de Lyme y diversos problemas autoinmunes que afectan el sistema nervioso pueden provocar todo tipo de cambios en el pensamiento de una persona).

A menudo, necesitamos ayuda para determinar la magnitud del impacto de nuestros pensamientos en nuestro cuerpo. La mejor manera de comenzar a descubrirlo es explorar a detalle tus preocupaciones con tanto un médico como un consejero.

NUESTROS PENSAMIENTOS SURGEN DE NUESTRA HISTORIA

Desenmarañar nuestros pensamientos se vuelve más complicado todavía cuando consideramos que surgen de la historia general de nuestra vida. Considera la respuesta de Pam del principio de este capítulo como ejemplo. Los pensamientos de Pam revelan mucho sobre su corazón. Parece ser que la opinión que su amiga tiene de ella se ha vuelto demasiado importante. En vez de ser guiada por la Palabra de Dios, ella permitió que las acciones de su amiga determinaran qué piensa y cómo se siente respecto a sí misma. Por lo tanto, podríamos suponer que los pensamientos automáticos de Pam son señales de inmadurez y de incredulidad. Podríamos concluir que el mejor método para transformar sus pensamientos sería recordarle que es amada por Dios. Quizás esto sea cierto, y le podría ser útil a Pam. Sin embargo, también es probable que haya más de fondo.

Es posible que las personas que piensan como Pam tengan razones entendibles para este tipo de respuesta automática. Quizás, uno de sus padres los abandonó durante su niñez y en raras ocasiones les contestaba por teléfono. Tal vez, algún amigo dejó de contestarles sin explicación y siguen afectados por la experiencia. Influenciados por este tipo de trasfondo, los pensamientos de una persona con facilidad pueden desviarse en direcciones inútiles e indeseadas.

Nuestros pensamientos están situados en el panorama general de nuestra vida. Son influenciados por nuestras experiencias y relaciones pasadas y presentes. Se ven afectadas por nuestra personalidad y por la cultura en la cual vivimos. Nuestra mente está llena de información de las series de televisión que vemos, de los libros que leemos, de las noticias que consumimos y de las conversaciones que tenemos. Los pensamientos que tenemos en respuesta a un suceso no solo tienen que ver con ese suceso en sí. Más bien, nuestros pensamientos a menudo surgen porque ese suceso nos recuerda a muchos sucesos pasados que han sido almacenados en nuestro corazón, cuerpo y mente.

¿Cómo ha moldeado tu historia *tus* pensamientos? Muchos de nosotros tenemos recuerdos y experiencias significativas que siguen afectándonos más de lo que creemos. Hablaremos más sobre esta idea en el capítulo 8, pero puedes comenzar a explorarla desde ahora.

Lo puedes hacer creando un cronograma de tu vida. Esto puede ser tan sencillo como anotar en un diario o en un pedazo de papel una lista de eventos importantes que ocurrieron en tu vida. Comenzando con el recuerdo más temprano que tengas y continuando hasta el presente, considera los eventos clave que te han moldeado. Anota cualquier suceso, bueno o malo, que consideres importante, significativo o que influya en tu carácter, sin importar cuán pequeño haya sido. Cuando termines tu cronograma, revísalo con alguien más, tomándote el tiempo para responder las siguientes preguntas:

- ¿Cuándo comenzaron tus pensamientos indeseados?
- ¿Qué estaba sucediendo en tu vida en ese momento?
- ¿Qué experiencias y relaciones de la vida han afectado más tu vida mental?

¿A DÓNDE NOS LLEVAN LOS PENSAMIENTOS AUTOMÁTICOS?

Acabamos de ver que nuestros pensamientos surgen cuando nuestro corazón, mente y cuerpo intentan encontrarle sentido a nuestras experiencias pasadas y presentes. Nuestros pensamientos entonces afectan nuestras emociones. Nuestras emociones y pensamientos se entrelazan para influenciar nuestras acciones y respuestas a las personas y las circunstancias a nuestro alrededor. Nuestras acciones afectan nuestras relaciones y la dirección de nuestra vida. En realidad, este proceso sucede de formas complicadas, pero podemos simplificarlo así: las *experiencias* resultan en *pensamientos*, los cuales resultan en *emociones*, las cuales resultan en una *respuesta*. Puedes volver y leer de nuevo las historias de Pam y de Keisha para ver dos ejemplos del desenlace de este proceso.

Ya que este es un camino habitual que seguimos con frecuencia, tiene sentido que Dios nos transforme en una nueva persona al renovar nuestra mente y transformar la manera en que pensamos (cf. Ro 12:2). El cambio se inicia cuando nos damos cuenta de lo que estamos pensando. En lugar de permanecer sentados en el tren de nuestros pensamientos y permitir que nuestros pensamientos automáticos nos dirijan, nos bajamos del tren y nos sentamos en la banca. Al hacerlo, le pedimos a otra persona que se siente con nosotros para poder observar juntos nuestros pensamientos. Juntos, observamos para ver a dónde nos conducen nuestros pensamientos y considerar qué cambios a nuestros patrones mentales esto nos insta a efectuar.

Considera a dónde te están llevando tus pensamientos por medio de recordar algún pensamiento indeseado en este momento. Una vez que lo tengas en mente, intenta identificar la ocasión más reciente en la que surgió en automático este pensamiento indeseado. ¿Qué sucedió justo antes de que tuvieras este pensamiento? ¿Qué pareció detonarlo?

Una vez que tengas un pensamiento y una situación en mente, utiliza las preguntas a continuación para ayudarte a bajarte del tren y procesar lo que sucedió. Si te está costando trabajo relacionar algún pensamiento indeseado específico con una situación específica, puedes usar estas preguntas para ayudarte a procesar tu respuesta a cualquier situación que hayas tenido recientemente. No te dejes engañar por la sencillez de las preguntas. A menudo, revelan conexiones sorprendentes que yacían justo por debajo de tu consciencia.

- ¿Qué sucedió?
- ¿Qué pensaste?
- ¿Qué sentiste?
- ¿Qué hiciste?
- ¿A dónde te están llevando tus pensamientos?

TRATANDO CON LOS FACTORES QUE MOLDEAN NUESTROS PENSAMIENTOS

A primera vista, a menudo nos parece que nuestros pensamientos automáticos surgen de la nada. Cuando les echamos un vistazo más de cerca, comenzamos a desenmarañar su origen y los factores que los perpetúan. Ahora, podemos lidiar con cómo nuestro corazón (capítulo 6), nuestro cuerpo (capítulo 7) y nuestra historia (capítulo 8) influencian nuestro pensamiento y nuestra mente. Comenzaremos este proceso en la segunda parte de este libro, comenzando cómo podemos controlar nuestros pensamientos y mente de forma directa (capítulo 5).

SEGUNDA PARTE

Técnicas integrales para transformar los pensamientos

5

ENFOCA TUS PENSAMIENTOS

Cierra tus ojos y piensa en un tigre rosado. Intenta concentrarte en el tigre durante unos diez segundos, y luego, abre tus ojos. ¿Cómo te fue? ¿Pudiste mantenerte concentrado? Ahora, cierra de nuevo tus ojos y piensa en cualquier cosa *excepto* el tigre rosado. Deja que tus pensamientos divaguen a donde quieran durante unos diez segundos, pero no dejes que regresen al tigre. ¿Qué sucedió?

La mayoría de las personas descubre que es mucho más fácil pensar en el tigre que no pensar en el tigre. Cuando cerraste tus ojos la segunda vez y dejaste que tu mente divagara, es probable que el tigre regresara a tus pensamientos, completamente fuera de tu control. Es más fácil concentrarte *en* un pensamiento que concentrarte en *alejarte de* un pensamiento.

De hecho, intentar hacer a un lado los pensamientos a menudo atrae nuestra mente hacia ellos. Algunos estudios han demostrado que usar la fuerza de voluntad para resistir un pensamiento puede ayudar a suprimirlo de forma temporal, pero entonces permanece debajo de la superficie y vuelve a aparecer en el futuro.¹ Esta es una de las razones por las que nuestros intentos por transformar nuestros pensamientos no son efectivos. Batallamos porque nuestra meta es usar la fuerza de voluntad para *no* pensar en algo. En cambio, algo más debe tomar el lugar de ese pensamiento indeseado y volverse el nuevo centro de nuestra atención.

A través de la práctica de la meditación, podemos incrementar nuestra capacidad para concentrar nuestra atención en el lugar deseado. En lugar de intentar frenéticamente hacer a un lado esos pensamientos automáticos indeseados, la meditación nos ayuda a mantener pensamientos más verdaderos, sanos y útiles en mente.

UNA BREVE INTRODUCCIÓN A LA MEDITACIÓN BÍBLICA

La meditación es la práctica de la contemplación o de la reflexión. Cuando meditas, concentras tus pensamientos en algún lugar. Esto significa que la meditación es inevitable. La pregunta no es *si* meditarás, sino *¿en qué* meditarás? ¿Te concentrarás en tus temores, ansiedades, dudas u otros pensamientos indeseados? ¿O reflexionarás de forma intencionada en pensamientos verdaderos, dignos, justos, puros, amables, honorables, virtuosos y merecedores de elogio, como nos invita la Escritura (cf. Flp 4:8)?

Ya hemos hablado de la práctica de hacer descansar nuestra mente mediante la meditación ocasional. Ahora, enfoquémonos en la meditación deliberada, la práctica más familiar de meditar en las verdades de las Escrituras y de considerar cómo se aplican a nuestra vida.²

Esta forma de meditación puede incluir pensar con profundidad en quién es Dios (cf. Sal 63:6-7), qué ha hecho Dios (cf. Sal. 143:5) o qué dice la ley de Dios (cf. Sal 1:2). Puede incluir considerar nuestros caminos (cf. Hg 1:5), pensar en el cielo (cf. Col 3:2) o enfocar nuestra mente en el Señor y en nuestra confianza en Él (cf. Is 26:3). Es posible meditar deliberadamente en cualquier pasaje de las Escrituras al leerlo despacio, hacer una pausa en alguna frase o idea que te llame la atención y reflexionar en lo que significa el pasaje para tu vida.

LA MEDITACIÓN ES UN EJERCICIO MENTAL

Entender los fundamentos de la meditación es sencillo. Saber cómo comenzar puede sentirse abrumador. ¿Con qué pasaje de las Escrituras debes empezar? ¿Cuánto tiempo debes meditar? ¿Qué pasa si te aburres, te inquietas o te pones ansioso? No solo es difícil saber cómo comenzar, sino que, una vez que comienzas, la práctica en sí puede parecerte incómoda y hasta insoportable. Es difícil sentarse y pensar de forma intencionada. La meditación no nos parece algo productivo. Después de unos meros treinta segundos de meditación, la mayoría de nosotros estamos ansiosos por avanzar para poder hacer algo que nos parezca más útil.

La meditación es como el ejercicio. Es buena *para* ti, pero no siempre se *siente* bien. Y, al como el ejercicio, la meditación es algo en lo que mejoras poco a poco y con el tiempo. Una persona que no está nada en forma no puede decidir de forma espontánea correr un maratón y luego esperar que esto sea posible. En cambio, esta persona podría seguir un programa progresivo que le ayude a, poco a poco, desarrollar la fuerza y la resistencia necesarias. La meditación es algo similar.

Tu cerebro es como un músculo que debe ser ejercitado. Muchas personas se dan por vencidas con la meditación después de intentarla una o dos veces. Les parece demasiado difícil y no parece producir los resultados que esperan. Esto a menudo sucede porque las personas tienen expectativas poco realistas. Así como no puedes esperar sentirte increíble al comenzar una nueva rutina para correr, no puedes meditar dos veces y esperar que se te facilite. Cuando la meditación te parece difícil y no te lleva a resultados inmediatos, no debes concluir que no funciona. En vez de eso, debes concluir que te falta práctica. Tu cerebro no está en forma.

La meditación frecuente fortalece poco a poco tu cerebro. Una manera excelente para facilitarte el inicio es mediante una práctica guiada, la cual te ofreceré en un momento. Con el tiempo, la meditación puede convertirse en algo que practicas tu solo de forma más espontánea y con tu propio método.

MEDITA EN EL SALMO 23

Toma tu Biblia ahora mismo y encuentra un lugar cómodo donde puedas practicar la meditación. Si te es posible, usa una Biblia física en lugar de un teléfono o una tableta para que no te distraigas con aplicaciones o notificaciones. Si puedes encontrar un lugar silencioso donde puedas estar solo, eso es ideal, pero no es necesario. Puedes meditar incluso si hay gente a tu alrededor. Apaga tu teléfono y otros dispositivos. Si necesitas mantener tu teléfono encendido, colócalo lejos de ti, donde puedas escucharlo pero no alcanzarlo con facilidad.

Abre tu Biblia en el Salmo 23. Lentamente, lee todo el capítulo.

Detente para leer

Cuando hayas terminado, léelo de nuevo, esta vez con mayor lentitud. Podrías intentar leerlo en voz alta la segunda vez si eso te parece útil. Presta atención a qué palabras, frases, versículos o ideas te parezcan interesantes. ¿Qué te llama la atención? ¿Qué descripciones, promesas o imágenes te parecen importantes para tu vida en este momento?

Detente para leer y notar

Toma consciencia de la presencia de Dios contigo en la habitación. Ten en mente Su amor por ti a medida que reflexionas en aquello que ha llamado tu atención. Puedes cerrar tus ojos o cambiar tu posición de alguna manera. Puedes repetir palabras del pasaje en tu mente. Puedes visualizar algunas de las imágenes e imaginarte siendo guiado por verdes pastos o acompañado por Dios en un valle de sombras. Permite que tu mente despierte tu alma con creatividad.

Detente para meditar

A medida que reflexionas en estas palabras o imágenes mentales, considera cómo pueden informar tus esfuerzos para transformar tus pensamientos. ¿Qué verdades en este pasaje podrían traer libertad a tu mente? ¿Cómo podrías pensar diferente si este pasaje en verdad se arraigara en tu corazón? No te apresures. Tómate todo el tiempo que necesites.

Detente para meditar

Al terminar de meditar, considera cómo te fue. ¿Cómo se sintió meditar? ¿Transformó la meditación tus pensamientos mientras meditabas? ¿Se sienten diferentes tus pensamientos *después* de tu meditación? Puede que notes una diferencia, o puede que no. Ambas cosas están bien. Sencillamente, toma nota de qué sucedió. Luego, concluye tu tiempo considerando una o dos acciones que esta Escritura te está invitando a tomar. ¿Cómo cambiará tu tiempo de meditación tu modo de vivir el resto del día?

DISFRUTA DE LOS MUCHOS BENEFICIOS DE LA MEDITACIÓN

Espero que hayas disfrutado de esta meditación. Tal vez, te permitió detenerte en medio de un día ocupado. Espero que te haya dado descanso y de paz, aunque sea por un momento. Meditar en las Escrituras no tiene que ser ni sombrío ni aburrido. Puede ser una experiencia relajante y disfrutable. La meditación usa nuestra mente y nuestra imaginación de forma creativa para ayudarnos a conocer y a experimentar las verdades de Dios de forma más plena. Al leer y escuchar la Palabra, entendemos de forma intelectual y reconocemos de forma cognitiva lo que Dios nos dice que debemos pensar y creer. A través de la meditación, reflexionamos en lo que Dios dice y comenzamos a sentir y a creer en lo profundo de nuestro ser que lo que Él dice es verdad.

Cuando la meditación se enfoca en las Escrituras, también puede ser una forma para desarrollar mayor discernimiento conforme transformamos nuestros pensamientos. Cuando meditamos en las Escrituras, estamos más equipados para contestar las preguntas que consideramos en el capítulo 1. ¿Es verdadero? ¿Es útil? ¿Este pensamiento apropiado para mi situación? ¿Está completo? ¿Qué pensamientos buenos, santos, hermosos, rectos y puros me hacen falta?

La meditación también es una manera poderosa de desacelerar nuestros pensamientos. Esto es algo que, por mi parte, necesito con desesperación. Muchos días, mi cerebro parece estar sobrecargado. Voy de un mensaje de texto a las redes sociales y a los correos electrónicos y a tareas del trabajo y a mis impuestos y a pensar en lo que prepararé para la cena y luego a darle vueltas a lo que alguna persona me dijo ayer. Muchas personas viven en un estado constante de distracción y, con el tiempo, esto puede mermar nuestra capacidad para enfocarnos de forma deliberada en una sola cosa. Podemos cambiar esto con la práctica. Con el tiempo, detenernos de forma continua para meditar fortalece nuestra capacidad para desacelerarnos y escoger qué pensamientos ocuparán nuestra mente.

OTRAS MANERAS PARA PRACTICAR LA MEDITACIÓN DELIBERADA

Ahora que estás considerando cómo incorporar la meditación en tu vida, permíteme darte algunas ideas adicionales sobre cómo comenzar. No te sientas presionado a practicarlas todas de una vez. Puedes simplemente familiarizarte con estos ejemplos y probarlos más tarde.

Pon la mira en las cosas de arriba

Las Escrituras nos dicen: «Pongan la mira en las cosas de arriba, no en las de la tierra» (Col 3:2). Una forma de hacer esto es meditando en el cielo.

Cierra tus ojos. Suspira con alivio mientras te imaginas un lugar sin sufrimiento y pecado. Imagina adorar a Dios sin la menor pizca de duda. Imagina regocijarte sin tristeza, culpa o vergüenza. Recuerda cualquier pasaje de las Escrituras que te sepas que describa el cielo. Permite que tu imaginación divague. ¿Qué podrás ver, escuchar, sentir, gustar y tocar? ¿Qué podrás hacer? ¿Cómo te podrás sentir? ¿Qué pensamientos podrán llenar tu mente?

Considera bien tus caminos

En Hageo 1:7, el Señor le manda a Su pueblo considerarse bien a sí mismos: es decir, examinar sus acciones y su corazón. Detente unos minutos para hacer una introspección y ver qué encuentras. ¿Qué pecados debes confesar? ¿Qué deseos están presentes en ti, ya sean puros o impuros? ¿Cómo están resultando en tus acciones tus pensamientos, y qué quieres cambiar?

Medita en el amor de Dios por ti

Romanos 8:38-39 dice: «Estoy convencido de que ni la muerte, ni la vida, ni ángeles, ni principados, ni lo presente, ni lo por venir, ni los poderes, ni lo alto, ni lo profundo, ni ninguna otra cosa creada nos podrá separar del amor de Dios que es en Cristo Jesús Señor nuestro». Recuerda otros pasajes que te sepas que hablen del amor de Dios por ti. Visualiza cómo será este amor. Imagina las palabras que Dios podría decirte a ti directamente para expresar cuánto te ama en medio de las luchas por las que estás pasando en este momento. ¿Qué te diría Él? ¿Cómo te consolaría, te alentaría y te mostraría su afecto?

Medita en lo que Dios ha hecho por ti

El Salmo 143:5 dice: «Me acuerdo de los días antiguos; en todas Tus obras medito, reflexiono en la obra de Tus manos». Recuerda una lista de las maneras en que Dios ha suplido tus necesidades. Imagina lo que sucedió, incluyendo las formas específicas en que Dios te mostró Su poder.

Reflexiona sobre cualquier pasaje de las Escrituras

Escoge un pasaje de las Escrituras que sea relevante a los pensamientos indeseados que estás batallando por transformar. Lee el pasaje lentamente. Léelo de nuevo y fíjate si alguna palabra, frase, versículo o idea te llama la atención. Toma consciencia de la presencia de Dios contigo mientras consideras lo que te ha llamado la atención. Medita en la verdad del pasaje y considera cómo podría transformar tus pensamientos. Recuerda el amor de Dios por ti mientras piensas con profundidad sobre cómo este pasaje podría traer libertad a tu mente.

EL RITMO REGULAR DE LA MEDITACIÓN BÍBLICA

A lo largo de las Escrituras, la meditación es mencionada como una práctica frecuente dentro del contexto de un ritmo constante. Se practica de día y de noche (cf. Jos 1:8; Sal 1:2) porque con facilidad nos olvidarnos de las verdades de Dios y necesitamos recordatorios constantes de Su amor y cuidado por nosotros.

Con los años, he desarrollado una práctica más o menos regular de meditación que se ha convertido en un hábito por dos razones. Primero, la practico a la misma hora y en el mismo lugar todos los días: en la cama, justo antes de quedarme dormida. Segundo, uso una aplicación llamada *Dwell* (Morar) para guiarme en el proceso. Me pongo mis audífonos y escojo algún pasaje de las Escrituras y la voz con la que quiero escucharla.

Intenta meditar todos los días durante una semana y toma nota de qué sucede. Escoge solo una de las meditaciones detalladas anteriormente para cada día, o descarga la aplicación Dwell. No necesitas meditar por mucho tiempo. Comenzar con unos cuantos minutos es bastante.

Mientras haces esto durante la semana, considera cómo te afecta. Considera cómo te sientes y qué sucede con tus pensamientos mientras meditas. Compara cómo te sientes y piensas antes de meditar con cómo te sientes y piensas después de haber meditado. Considera convertir la práctica de la meditación en un ritmo regular de tu vida diaria para ayudarte en este proceso de transformar tus pensamientos.

6

PON EN CAUTIVERIO TUS PENSAMIENTOS

Vamos casi a la mitad del libro, y tal vez te preguntes por qué no he mencionado lo que quizás sea el pasaje más famoso en las Escrituras sobre transformar nuestros pensamientos: 2 Co 10:4-6, el pasaje que nos dice que debemos poner en cautiverio nuestros pensamientos. Necesitamos que este pasaje nos ayude a elaborar una estrategia fiel a la Biblia para transformar nuestros pensamientos, pero hay una razón por la que he me he esperado tanto para mencionarlo. Echémosle un vistazo más de cerca y entenderás por qué.

En este pasaje, Pablo dice: «Porque las armas de nuestra contienda no son carnales, sino poderosas en Dios para la destrucción de fortalezas; destruyendo especulaciones y todo razonamiento altivo que se levanta contra el conocimiento de Dios, y poniendo todo pensamiento en cautiverio a la obediencia de Cristo, y estando preparados para castigar toda desobediencia cuando la obediencia de ustedes sea completa» (vv. 4-6).

¿Te has llegado a tomar un momento para visualizar las metáforas que Pablo usa en este pasaje? Si nunca lo has hecho, lee el pasaje una vez más. Luego, cierra tus ojos e imagina lo que has leído. ¿Qué ves? Pablo describe dos campos de batalla. Debemos destruir especulaciones y razonamientos contrarios al conocimiento de Dios como un ejército que derriba o destruye una fortaleza. Debemos poner nuestros pensamientos en cautiverio y someterlos a la obediencia de Cristo como un soldado que subyuga o controla a un prisionero.

No pases por alto el hecho de que Pablo está describiendo operativos militares brutales. Este es un pasaje violento que evoca imágenes violentas. La guerra no es algo que se libra con ternura. Tomar a un prisionero que no desea ser capturado requiere fuerza agresiva. Cuando destruyes una fortaleza, enormes murallas se colapsan. Visualiza estas metáforas por un momento y considera qué está buscando Pablo comunicar sobre nuestros pensamientos. Cuando yo lo hago, tengo la sensación de que Pablo me está exhortando a librar la batalla por mi mente con la vigilancia de un soldado. Armada con poderosas armas espirituales, me visualizo tomando y destruyendo todo pensamiento indeseado que entra en mi mente.

En un cierto punto, me costó trabajo aceptar lo que estas ilustraciones parecían sugerir. Estas metáforas parecen contradecir las técnicas más tranquilas y apaciguadas que en lo personal consideraba útiles para transformar mis pensamientos. Pablo dice que debemos poner *todo* pensamiento en cautiverio. ¿Significa eso que debo tomar y destruir todo pensamiento indeseado que se cruza por mi mente?

Para responder esta pregunta, es importante identificar el tipo de pensamiento que Pablo está tratando en este pasaje. Pablo está amonestando a la iglesia en Corinto por aceptar razonamientos hostiles en contra de la fe cristiana y por aferrarse a ideas que contradicen a Cristo.[1] Sus pensamientos tienen un «propósito de maldad»[2] y merecen un castigo (cf. v. 6). Con razón Pablo evoca ilustraciones de guerra. La gloria de Dios y el destino eterno de las personas están en juego.

Pablo está hablando del pecado y de falsas doctrinas. Él nos insta a tomar y destruir estos pensamientos de maldad. Debemos exponer y derribar los pensamientos amargos, avariciosos, lujuriosos, enojados, envidiosos, idólatras y maliciosos. Él nos instruye a destruir las falsas doctrinas respecto a Cristo y a creer en el evangelio. Debemos refutar con vehemencia todo argumento e idea que nos aparte del Señor. Pero no todo pensamiento indeseado se levanta contra el conocimiento de Dios. Algunos pensamientos indeseados son dolorosos, pero aun así obedecen a Cristo. Este pasaje no enseña que debamos tomar y destruir todo pensamiento doloroso y negativo que se nos cruce por la mente. Segunda de Corintios 10 se trata del pecado y de las formas en las que se infiltra en nuestra mente y en nuestras creencias.

Una lectura cuidadosa de este pasaje debería llevarnos a responder de dos maneras. Primero, debemos tomar más en serio los pensamientos pecaminosos (más de lo que estamos acostumbrados normalmente). Segundo, debemos tener cuidado de no convertir este pasaje sobre el pecado en una solución «unitalla» para toda vez que suframos con un pensamiento indeseado. En cambio, debemos buscar entender algunas de las maneras en que el pecado y el sufrimiento se entrelazan con nuestros patrones de pensamiento. Desentrañar los aspectos de esta compleja interacción entre el sufrimiento y el pecado nos puede ayudar a discernir qué pensamientos exigen que actuemos conforme a la instrucción de Pablo de ponerlos en cautiverio y qué otros pensamientos podrían beneficiarse de una técnica diferente.

PENSAMIENTOS QUE YA HAN SIDO PUESTOS EN CAUTIVERIO

No podemos suponer que un pensamiento debe ser puesto en cautiverio solo porque es doloroso, angustiante o indeseado. El nivel de angustia causada por un pensamiento no iguala ni la pecaminosidad ni la virtud de ese pensamiento. Los pensamientos dolorosos no son necesariamente pecaminosos. Los pensamientos agradables no son necesariamente virtuosos o morales.

Una fantasía sexual puede ser tanto agradable como impura. La idea dolorosa de vivir el resto de tu vida sin un ser querido es angustiante, normal y señal de cuánto amaste a esa persona. Poner en cautiverio todo pensamiento no significa tomar los pensamientos que son angustiantes y negativos y remplazarlos con pensamientos agradables y positivos. Significa progresar hacia pensamientos obedientes que reflejan un conocimiento de Dios.

Algunos de nuestros pensamientos indeseados ya son obedientes a Cristo y ya se alinean con un conocimiento preciso de Dios. Y ¿además? Se siente fatal tenerlos. La idea de tomarlos y de destruirlos suena bien. Pero ¿y si, a veces, nuestros pensamientos indeseados tienen propósitos importantes para nosotros?

Nuestros pensamientos de temor a veces nos mantienen a salvo. Nuestros pensamientos de tristeza a menudo nos ayudan a hacer duelo. Nuestros pensamientos de enojo pueden llevarnos a buscar la justicia. Muchos tipos de pensamientos dolorosos pueden instarnos a alabar, orar y adorar de todo corazón. Ese tipo de pensamientos indeseados son oebdientes a Dios, lo cual significa que ya han sido puestos en cautiverio. No necesitamos combatirlos. En cambio, debemos usar las estrategias que ya hemos aprendido para acercarnos a ellos con curiosidad y atención calmada. Pensamientos así no necesitan que luchemos en contra de ellos. Necesitan gentileza, esperanza, consuelo, aliento y sanidad durante largos periodos.

PENSAMIENTOS QUE SE CONVIERTEN EN PECADO

¿Cómo sabemos cuándo un pensamiento se ha convertido en un pecado que sí debe ser puesto en cautiverio? Nuestros pensamientos se convierten en pecado cuando quebrantamos la ley de Dios con nuestra mente (cf. 1 Jn 3:4). A menudo, no podemos controlar los pensamientos que entran en nuestra mente. Sí *podemos* decidir entretenerlos o no.* Esta es la diferencia entre ser tentados por un pensamiento pecaminoso y escoger pecar con nuestros pensamientos. La tentación en sí no es pecaminosa, pero sí es donde empieza la batalla. ¿Iremos ahí? ¿O nos alejaremos mentalmente?

El pecado comienza en la mente. Nuestra mente inicia toda acción moral.[3] Nuestra lujuria muestra nuestros verdaderos deseos adúlteros (cf. Mt 5:28). Nuestro enojo revela nuestra intención asesina (cf. Mt 5:21-22). De nuestro corazón surgen pensamientos malignos que pueden llevar a todo tipo de actos pecaminosos: «malos pensamientos, fornicaciones, robos, homicidios, adulterios, avaricias, maldades, engaños, sensualidad, envidia, calumnia, orgullo e insensatez» (Mr 7:21-22).

Mi mente me parece el lugar más seguro para pecar. Puede ser que casi siempre actúe de maneras que se ven bien por fuera, pero nadie puede ver lo que escojo hacer con mis pensamientos. Me es fácil imaginar que mis pensamientos pecaminosos no son la gran cosa porque no tengo que lidiar con la vergüenza de exponerlos. Pero luego me imagino por un momento... ¿qué pasaría si mis pensamientos se transmitieran en una pantalla ante todo el mundo?[4]

Aparecerían muchos buenos pensamientos: pensamientos hermosos y gozosos, así como pensamientos llenos de dolor santo y de sufrimiento recto. Sin embargo, cuando pienso en la posibilidad de que mi mente sea expuesta, mi atención de inmediato se torna a los pensamientos que sé que están mal. Mis

---

* Ver el capítulo 11 para una explicación sobre cómo este consejo, y otros consejos que se ofrecen en esta sección, a menudo es inadecuado para tratar patrones de pensamiento intrusivos.

pensamientos revelan la enfermedad de mi corazón. Mis fantasías revelan mis ídolos.[5] Me es demasiado fácil dejarme llevar por pensamientos que son orgullosos, acusadores, amargos o auto-indulgentes. Qué convicción tan dolorosa. Agradezco que no puedas ver dentro de mi cabeza.

Muchas de las estrategias que ya hemos tratado me han ayudado a lidiar con estos pensamientos pecaminosos. Ahora, Pablo me insta a dar otro paso. Debo poner esos patrones pecaminosos en cautiverio. Cuando mis pensamientos me alejan de la obediencia a Cristo y de un conocimiento verdadero de Dios, mi meta es tomarlos y destruirlos. Necesito identificarlos como pecado y derribarlos. Debo refutarlos y admitir qué tanto me están alejando del Señor.

Para mí, esto a menudo significa tomar una decisión constante de no ir allí. Puedo admitir cuando una fantasía es pecaminosa y decidir no darle vueltas. Puedo ser convencida por Romanos 2:1 y decidir no juzgar a alguien en mi corazón. Puedo reconocer cuando estoy empezando a pensar que soy mejor que alguien más y resistir el impulso. Puedo identificar pensamientos que están llenos de amargura y de envidia y alejar mi mente de ellos.

Yo tengo la capacidad para escoger no pecar en mi mente. Cuando soy tentada, puedo confiar en que Dios proveerá una salida (cf. 1 Co 10:13). Aun así, no siempre tengo éxito en controlar mis pensamientos pecaminosos. Sé hacer lo bueno, pero no siempre lo hago (cf. Stg 4:17). Es una batalla de por vida, la cual es complicada por el hecho de que muchos de mis pensamientos pecaminosos están profundamente entrelazados con pensamientos de sufrimiento. Examino mi mente con cuidado y veo un nudo enredado, confuso y complejo de factores y de influencias. Mis pensamientos han sido afectados por disparadores importantes de estrés, por traumas menores, por relaciones difíciles y por mi propia fisiología dañada. No siempre estoy segura de dónde termina el sufrimiento y dónde comienza el pecado.

Creo que este nudo confuso de sufrimiento y de pecado es una de las razones por las que a veces ignoramos o desestimamos el pecado que mora en nuestra mente. Si se nos sugiere que nuestros pensamientos podrían ser pecaminosos, nos ponemos a la defensiva porque hay demasiado sufrimiento junto a ese pecado. Con justa razón, no deseamos ni equipararlos ni permitir que otros nos avergüencen por sentir dolor. Buscamos protegernos en parte porque somos propensos a negar y a desestimar nuestro pecado (cf. 1 Jn 1:8), pero también porque quizás hemos sido heridos por amonestaciones religiosas que nos mandan controlar de forma legalista nuestros patrones de pensamiento. En resumen, no nos gusta lo que nos hace sentir el concepto del pecado. No queremos sentirnos avergonzados. No queremos experimentar incomodidad. No queremos sentirnos mal con nosotros mismos.

Cuando la invitación a confesar el pecado desata un instinto de autoprotección, a menudo es porque hemos perdido de vista cuán liberador puede ser llevar nuestro pecado delante del Señor. Sin importar qué encuentre en mi mente y en mi corazón, como creyente puedo estar segura de que reconocer mis pensamientos pecaminosos no abre una puerta que conduce a la culpa, a la vergüenza o a la condenación. Le abre la puerta a la liberación.

Estar consciente de mis pensamientos pecaminosos debería llevarme a la convicción y a la confesión. A medida que confieso mis pecados delante del Señor, recuerdo que el que no conoció pecado se hizo pecado para que yo fuera hecha justicia de Dios (cf. 2 Co 5:21). Justicia de Dios. Esa es mi verdadera identidad. Puedo descansar en la obra que Jesús ha hecho por mi alma. Puedo experimentar la verdadera libertad, sabiendo que mis pensamientos no me definen.

Llevar tus pensamientos pecaminosos al Señor te libera.

PENSAMIENTOS QUE SON MOTIVADOS POR LA CULPA, LA VERGÜENZA Y EL TEMOR

Ahora bien, ¿y si la confesión no me parece liberadora? ¿Y si reconocer mi pecado no me lleva a la libertad? ¿Y si resulta solo en temor y un escrutinio más profundo de mí mismo?

Muchos cristianos que batallan fuertemente con pensamientos indeseados tienden a tener una conciencia sensible, tendencias perfeccionistas y una mentalidad radical. Se escudriñan con muchísimo cuidado, examinando cada pensamiento para ver qué encuentran. Desarrollan una conciencia altamente escrupulosa de sus pensamientos y de lo que suponen que estos revelan sobre ellos. Su culpa, su vergüenza y su ansiedad no se disipan con reconocer y confesar su pecado. Quizás hasta se intensifiquen. Cuando esto sucede, hay varias explicaciones posibles.

Es posible que estés experimentando una culpa falsa por pensamientos que no son pecaminosos

Una conciencia demasiado sensible puede llevar a las personas a ver todo pensamiento indeseado como un fracaso moral. Pensamientos persistentes de tristeza que no se convierten en gozo pueden hacerte sentir impío. El sufrimiento asociado con pensamientos depresivos y ansiosos a veces se confunde con el pecado. Que cueste trabajo transformar pensamientos después de un trauma puede parecer una falta terca de disposición para creer en la verdad de las Escrituras (hablaremos más sobre el trauma en el capítulo 9). Los pensamientos intrusivos y dolorosos motivados por cambios físicos en el cuerpo pueden parecernos el pecado imperdonable (hablaremos más de los pensamientos intrusivos en el capítulo 10).

Cuando vemos pecado donde no hay pecado, nos lleva a crear un estándar para nosotros mismos que Dios nunca estableció. Cuando nos quedamos cortos de este estándar falso, nos ahogamos en ansiedad, culpa y vergüenza. Estos sentimientos solo sirven para motivar el avance de nuestros patrones de pensamientos indeseados.

Es posible que creas que tus pensamientos revelan más sobre ti de lo que hacen en verdad

Los pensamientos indeseados pueden comenzar a influir en tu sentido de identidad. Los pensamientos altamente angustiantes parecen señales de debilidad y de fracaso. Los pensamientos pecaminosos te parecen prueba de que no vales nada o de que eres imperdonable. Tu incapacidad para superar tus pensamientos indeseados te parece un símbolo de lo decepcionante que le eres a Dios. El temor y el autodesprecio se intensifican a medida que tu identidad se centra en tus pensamientos de sufrimiento y de pecado en lugar de estar fundamentada en tu posición inalterable como hijo de Dios.

Es posible que estés confiando en un pensamiento perfecto para justificarte delante del Señor

A veces, reconocer y confesar nuestro pecado no nos lleva a la libertad porque comenzamos a actuar como si pudiéramos justificarnos al perfeccionar nuestro pensamiento. Confesamos con ansiedad todo pensamiento de pecado, a veces hasta diez veces, y no nos damos cuenta de que esto representa un corazón empeñado en salvarse a sí mismo. Al hacerlo, actuamos como si necesitáramos santificar nuestros pensamientos para estar bien delante de Dios, en lugar de permitir que nuestra aceptación ante Dios nos inste a pensar de forma más santa.

¿Crees en Jesús y en Su obra en la cruz? Si es así, Él te ha salvado y justificado. Tu alma está segura en Él. Tal como Jesús es ahora —glorificado, justo y sentado a la diestra de Dios—, «así somos también nosotros en este mundo» (1 Jn 4:17). Esto significa que no tenemos que temer. No necesitamos preguntarnos si nuestra alma está en riesgo cada vez que se nos cruce por la mente un pensamiento cuestionable. No necesitamos confesar por temor a ser castigados ni a perder de alguna manera el favor de Dios; necesitamos que el amor de Jesús eche fuera el temor de lo que los pensamientos indeseados puedan revelar sobre nosotros (cf. 1 Jn 4:17-18).

¿Qué significa en la práctica permitir que el amor de Jesús eche fuera nuestro temor? A veces, significa estar menos preocupados de si cada uno de los miles de pensamientos individuales que tenemos cada día son pecaminosos y estar más enfocados en la postura general de nuestro corazón hacia el Señor.[6] ¿Creemos que Él nos ama? ¿Estamos aceptando el evangelio? ¿Estamos descansando en Su obra y en nada más? Nuestros pensamientos llegarán a ser más santos cuando comencemos a sentirnos verdaderamente seguros y sin temor por causa de la obra justificadora que Dios ya ha realizado a nuestro favor.

PENSAMIENTOS QUE SON PUESTOS EN CAUTIVERIO POR EL EVANGELIO

Solo una cosa puede ayudarnos en verdad a vencer tanto los pensamientos que se han vuelto pecado como nuestros pensamientos que se han vuelto esclavos de la culpa, el temor y la vergüenza. Debemos poner en cautiverio nuestros pensamientos con el evangelio.

En el primer capítulo de Romanos, vemos que la consecuencia más dañina que el pecado puede tener en la mente de una persona es llevarla a rechazar el evangelio. El pecado hace que las personas repriman la verdad de Dios y la intercambien por una mentira (cf. Ro 1:18, 25). Aquellos que rechazan al Señor creen argumentos y pensamientos que se levantan en contra del conocimiento de Dios. Su pensamiento se vuelve vano y entenebrecido (cf. v. 21). Niegan que Dios sea su Creador, eligiendo adorar y servir a dioses falsos (cf. v. 25).

Incluso como creyentes sostenidos por Cristo, seguimos cayendo en idolatría. Nos olvidamos de las verdades fundamentales del evangelio y buscamos la tranquilidad mental por medio de nuestros propios esfuerzos. Sin embargo, no encontraremos la paz si nos mantenemos enfocados en nosotros mismos y en transformar de forma perfecta nuestros pensamientos. Encontramos la paz cuando enfocamos nuestra mente en Cristo y confiamos en la obra que ya ha hecho en nosotros (cf. Is 26:3). Encontramos la paz cuando nuestra mente es puesta en cautiverio por el evangelio.

Para aquellos que tienden a expresiones legalistas de culpa, vergüenza y temor cuando lidian con su pensamiento: ¿Olvidas con rapidez que Dios es paciente y perdonador? ¿Te regañas a ti mismo por no mejorar en lugar de descansar en la obra de Dios a tu favor? Cree en el evangelio. A medida que examines tu corazón, mantente consciente del corazón de Jesús hacia ti. Descansa seguro en Su amor.

Para aquellos que se sienten incómodos ante la idea de lidiar con tus pensamientos pecaminosos: ¿Has desestimado tu pecado al alejarte de aquellos que te han avergonzado? ¿Te da miedo que reconocer tu pecado te lleve a sentir incomodidad o autodesprecio? Cree en el evangelio. Recupera una visión de la libertad que produce llevar tus pecados delante de Aquel que puede poner tu mente en libertad.

A Jesús le importa cuando sufrimos por nuestros pensamientos y murió por aquellas ocasiones en que pecamos con nuestros pensamientos. Este recordatorio del evangelio no es una idea que debamos recordar solo después de un largo día. Es una verdad que debemos apegar a cada pensamiento que queremos cambiar. Intentar transformar nuestros pensamientos sin tener en cuenta el evangelio nos llevará de vuelta a perdernos en los pensamientos indeseados. Cuando recordamos el evangelio, hasta los pensamientos indeseados más angustiantes palidecen a la luz de lo que Dios ha hecho a nuestro favor y de lo que esto significa para nosotros.

PENSAMIENTOS PUESTOS EN CAUTIVERIO
POR EL CONOCIMIENTO DE DIOS

Durante mi días universitarios, Dios cautivó mi mente con un deseo por conocerlo más. No puedo asumir el crédito por la forma en que este anhelo me tomó por sorpresa. Tan solo puedo explicarlo como un regalo de parte de Dios que recuerdo y que quisiera poder replicar. De pronto, obtuve un anhelo voraz por las Escrituras, y a menudo me refugiaba en una habitación agradable del tamaño de un closet en el piso de nuestro dormitorio para poder leer toda la tarde.

Durante esta misma época, alguien me regaló una copia de *The Practice of the Presence of God* (*La práctica de la presencia de Dios*) por el hermano Lawrence, y me vi intrigada por su idea de que «debemos afianzarnos en una consciencia de la presencia de Dios por medio de una conversación continua con Él».[7] Conocer a Dios al leer Su Palabra e invitarlo a los momentos rutinarios de mi día me pareció una ambición necesaria y digna.

No puedo decir que esta cima me haya durado más de un semestre, pero sí me dejó con una probada de qué se siente poner en práctica 2 Corintios 10. Me dio una idea de cómo nuestra mente puede ser puesta en cautiverio y hecha obediente a Cristo y de cómo nuestro corazón puede ser cautivado por un conocimiento de Dios que nos lleva a conocerlo.

La visión de Pablo para los corintios y para nosotros es mucho más grande que eliminar los pensamientos pecaminosos o malsanos. Él nos invita a llenar nuestra mente con un entendimiento de quién es Dios. Obtenemos este conocimiento al estudiar de la Palabra de Dios, pero nuestro deseo por leer las Escrituras no debería ser una mera búsqueda por obtener información sobre Él; en cambio, «al estudiar a Dios, debemos buscar ser guiados por Él».[8]

Leemos Su Palabra, meditamos en quién es Él y permitimos que esto nos lleve a la oración, a la alabanza y a la adoración en Su presencia. Nuestro objetivo es quedar tan cautivados por la gloriosa verdad de quién es Dios que nuestra atención no tenga a dónde ir. No podemos evitar mirar Su belleza (cf. Sal 27). La gloria de Su presencia ahoga todo el ruido a nuestro alrededor. Nuestro pecado es vencido y nuestro sufrimiento es consolado cuando descansamos en la gloria de Su presencia. Enfocamos nuestra atención en Dios, buscamos Su rostro y nos enamoramos tanto de Su santidad, justicia, bondad y poder que nuestra mente no puede evitar ser abrumada por Su verdad y solo por Su verdad.

Pienso en esforzarme hacia esta meta y siento una mezcla de esperanza y de derrota. Suena maravilloso. Se siente inalcanzable. Mi mente no tiende a concentrarse por completo en Dios. Estoy demasiado ocupada. Demasiado preocupada. Demasiado abrumada por mi sufrimiento y distraída por mi teléfono. Muchos días, Dios recibe diez minutos de mi atención por la mañana, y eso es todo. A veces se me olvida que está ahí durante más tiempo de lo que me gustaría admitir. Invitarlo a cada pensamiento me parece una imposibilidad gloriosa. Es un ideal por el cual esforzarnos de forma imperfecta, y descanso en el conocimiento de que algún día será nuestro estado predeterminado natural.

Algún día, nuestra mente buscará y le prestará toda su atención de forma natural a nuestro Creador. Nuestro corazón será tan cautivado por la adoración a Dios que todo lo demás se desvanecerá. Él será el centro de nuestra atención. Nuestros pensamientos serán conquistados por un anhelo de bendecir Su nombre por siempre y para siempre. Hasta entonces, enfocamos nuestra mente en Él lo más que podemos con nuestro cuerpo y nuestra alma terrenal.

UNA MEDITACIÓN GUIADA PARA PONER EN CAUTIVERIO LOS PENSAMIENTOS

Permite que tus pensamientos sean cautivados por un conocimiento de Dios en este momento. Para comenzar esta meditación, cierra tus ojos y respira hondo varias veces. Luego, comienza con un tiempo de confesión. Recuerda tu día y confiésale a Dios cualquier pensamiento pecaminoso que encuentres. ¿De qué maneras han pecado tus pensamientos contra Dios? ¿De qué maneras han pecado tus pensamientos contra los demás?

Detente para confesar

Salmos 32:5 dice: «Te manifesté mi pecado, y no encubrí mi iniquidad. Dije: "Confesaré mis transgresiones al Señor"; y Tú perdonaste la culpa de mi pecado». Abre tu Biblia y lee todo el Salmo 32. Nota la libertad que el salmista experimenta en la confesión. Déjale tu culpa al Señor. Acepta Su perdón y misericordia. Pídele a Dios que te ayude a sentir Su amor por ti.

Detente para leer y orar

Enfoca tus pensamientos hacia la alabanza y adoración del Señor. Salmos 27:4 dice: «Una cosa he pedido al Señor, y esa buscaré: Que habite yo en la casa del Señor todos los días de mi vida, para contemplar la hermosura del Señor y para meditar en Su templo». Detente para leer el resto del Salmo 27. Luego, medita en el versículo 4 o en algún otro pasaje que te haya llamado la atención. ¿Qué podría significar contemplar la hermosura del Señor? ¿Cómo puedes buscar Su rostro?

Detente para leer y meditar

Enfoca tus pensamientos en la promesa del cielo. Imagina aquel día cuando tu mente descansará por completo. Solo pensamientos buenos, santos, puros, amables y hermosos brotarán de tu corazón. Tu mente estará llena de alabanza y de adoración a tu Creador. Apocalipsis 5:13 dice: «Y oí decir a toda cosa creada que está en el cielo, sobre la tierra, debajo de la tierra y en el mar, y a todas las cosas que en ellos hay: "Al que está sentado en el trono, y al Cordero, sea la alabanza, la honra, la gloria y el dominio por los siglos de los siglos"». Cierra tus ojos e imagina ese momento.

Detente para meditar en el cielo

Al terminar tu meditación, recuerda que Dios está presente contigo. Permite que Su amor eche fuera toda culpa, vergüenza o temor que haya permanecido. Descansa con Él por un momento. Cuando te sientas listo, abre tus ojos.

7

CALMA TUS PENSAMIENTOS

«No sé cómo poner en cautiverio esta sensación. Intento resistirla, pero no funciona».

Una mujer a la que estaba aconsejando, quien batallaba con la ansiedad, me estaba describiendo una sensación quemante que a menudo sentía en el pecho. La sensación siempre estaba allí e incrementaba cada vez que surgían nuevos pensamientos de ansiedad. La sensación la asustaba. Cuando se intensificaba, ella temía que algo anduviera mal con su cuerpo, lo cual solo empeoraba su angustia.[*] La sensación a veces se volvía tan intensa que ella comenzaba a preguntarse si era pecaminosa. Se tensaba contra la sensación e intentaba deshacerse de ella. Ella entonces se sentía culpable porque, en palabras propias, no podía poner la sensación en cautiverio.

---

[*] Siempre es importante que un médico revise cualquier síntoma físico para descartar algún problema de salud subyacente. Esta mujer ya había dado este paso.

Esta conversación sirvió para resaltar la confusión que podemos experimentar los cristianos en cuanto a la conexión entre nuestros pensamientos y nuestro cuerpo físico. No es poco común que las personas se pregunten si las sensaciones de angustia intensa en su cuerpo representan expresiones pecaminosas de sus pensamientos y emociones. Tampoco es poco común que las personas reaccionen a estas sensaciones de angustia con resistencia, lo cual típicamente empeora la situación. A la luz de estos errores comunes, me gustaría hablar de una perspectiva y una respuesta diferentes. Los síntomas y las sensaciones que sentimos en nuestro cuerpo no son batallas que debemos pelear, sino mensajes que debemos escuchar. En lugar de resistir las sensaciones desagradables o dolorosas, podemos calmar el estado de nuestros pensamientos si respondemos con calma al estado de nuestro cuerpo.

En el capítulo 4, hablamos de la necesidad teológica de tratar tanto el cuerpo como el alma en el proceso de la transformación de nuestros pensamientos. También hablamos de algunas maneras en las que nuestro cuerpo puede causar e influenciar diferentes tipos de pensamientos indeseados. Este capítulo complementará este segundo tema.

Existe una relación recíproca entre nuestros pensamientos y nuestro cuerpo. En un lado de la relación, nuestro cuerpo responde al contenido de nuestros pensamientos con diversas sensaciones y síntomas físicos. Esto significa que podemos incrementar nuestro nivel de consciencia en cuanto a nuestros pensamientos si le prestamos atención al sentir de nuestro cuerpo. En el otro lado de esta relación, qué y cómo pensamos son influenciados por el estado de nuestro cuerpo. Esto significa que calmar nuestra respuesta corporal mediante las estrategias que te enseñaré puede ayudarnos en el proceso de transformar nuestros pensamientos.

NUESTRO CUERPO RESPONDE AL CONTENIDO DE NUESTROS PENSAMIENTOS

Considera, antes que nada, el profundo impacto que tienen nuestros pensamientos en nuestro cuerpo. Se nos hace agua la boca con tan solo pensar en algo delicioso que comeremos más tarde. Nuestro rostro se enrojece de vergüenza cuando recordamos algo que lamentamos haber dicho ayer. Asimismo, muchos pensamientos de angustia vienen acompañados por sensaciones físicas incómodas o dolorosas. Incluso Jesús sintió Su angustia en Su cuerpo. Al anticipar el dolor de la cruz, «Su sudor se volvió como gruesas gotas de sangre, que caían sobre la tierra» (Lc 22:44).

Puedes sentir la conexión entre tus pensamientos y respuestas corporales en tiempo real al deliberadamente recordar una situación estresante. Piensa en algo un poco estresante —pero no traumático— que te sucedió en la semana pasada. Tal vez, tuviste una discusión con tu cónyuge, te quedaste atorado en el tráfico o pasaste veinte minutos buscando tus llaves perdidas. Cierra tus ojos y recuerda lo que sucedió. ¿Qué monólogos interiores o imágenes mentales suceden? ¿Qué pensabas y sentías mientras ocurría? Medita en estos pensamientos, sentimientos e imágenes durante unos diez o veinte segundos. Luego, considera cómo te sientes en este momento al recordar lo que sucedió. De forma más específica, ¿qué sensaciones físicas sientes en tu cuerpo?

Si prestas suficiente atención, notarás que tu cuerpo responde a tus pensamientos. Las sensaciones físicas que surgen cuando piensas en esta situación estresante pueden ser sutiles o pueden ser evidentes. Puede que sientas una ligera presión en el pecho o una sensación en tu cabeza que no puedes describir del todo. Puede que sientas náuseas, o puede que sientas un hormigueo en tu columna. Ya sea que estés consciente de que ocurre en tiempo real o no, tu cuerpo reacciona constantemente al estado de tus pensamientos.

LAS SENSACIONES FÍSICAS NOS DAN INFORMACIÓN IMPORTANTE

Puede que todo esto te parezca información interesante, pero no estás seguro de cómo nos puede ayudar. Es útil porque prestarle atención a nuestro cuerpo nos da información que nos ayuda a concientizarnos de experiencias y pensamientos que con frecuencia pasan desapercibidos. Aquellos de nosotros que somos expertos en suprimir nuestros pensamientos, quizás ni nos demos cuenta de la cantidad de pensamientos y emociones que ocultamos de nosotros mismos. Los pensamientos que no son expresados a menudo se dan a conocer a través de síntomas y sensaciones físicas en nuestro cuerpo: ataques de pánico, agotamiento, enfermedades crónicas relacionadas con el estrés, tensión muscular, problemas estomacales, dolores de cabeza. Todas estas pueden ser provocadas o empeoradas por pensamientos no reconocidos o no expresados que guardamos en nuestro interior.

A veces, ni siquiera sé que estoy estresada hasta que me doy cuenta de que no tengo ganas de comer. He aprendido que perder mi apetito es la primera advertencia de que estoy abrumada, incluso antes de que se me cruce por la mente algún pensamiento o sentimiento de estrés. El otro día, pensaba que me sentía bien respecto a una conferencia hasta que una presión en mi pecho me avisó que estaba nerviosa. Otras veces, la tensión en mis hombros y en mi cuello me dejan saber cuán molesta estoy por algo cuando más bien preferiría minimizar cuánto me está molestando.

No soy la única que recibe mensajes importantes de parte de su cuerpo. A lo largo de los años, muchas personas me han compartido conexiones sorprendentes entre su cuerpo y algún estado interior no reconocido. Fátima no se dio cuenta de cuánto necesitaba procesar su tristeza hasta que comenzó a experimentar ataques de pánico. Teo se dio cuenta de cuán deprimido estaba hasta que su esposa le hizo ver cómo habían cambiado sus hábitos alimenticios y de sueño. Olivia experimentaba sensaciones extrañas por todo el cuerpo que empezaron a menguar cuando entró a consejería de trauma. La lucha de Don con el agotamiento comenzó a aplacarse cuando decidió tratar con los abrumadores pensamientos y sentimientos de tristeza de su pasado que había estado evitando por tanto tiempo.

Fátima, Teo, Olivia y Don se dieron cuenta de algo muy importante. Las respuestas fisiológicas que acompañan a los pensamientos indeseados no son respuestas pecaminosas que debemos poner en cautiverio. Son luces de bengala que señalan una necesidad de ayuda. Recuerda cómo hablamos en el capítulo 4 de que nuestro cuerpo es una buena creación y no puede hacernos pecar.[1] A veces, nuestro cuerpo reacciona a nuestras decisiones pecaminosas (cf. Sal 32:3-4), y claro que podemos responder a las sensaciones fisiológicas de forma pecaminosa. Pero las sensaciones en sí que están conectadas a nuestros pensamientos y experiencias por lo general son funciones involuntarias del cuerpo. La mayoría de las veces, son respuestas automáticas al trauma, a la tristeza, al peligro y al dolor profundo que reflejan las maneras en que Dios ha diseñado nuestro cuerpo para mantenernos a salvo.

Nuestro cuerpo nos habla. Si somos sabios, le prestaremos atención a lo que nos dice. Mientras más le prestamos atención a lo que nuestro cuerpo nos está diciendo y buscamos los patrones de nuestra experiencia, más nos damos cuenta de nuestro verdadero estado interior. Comenzamos a ver cómo ciertos síntomas físicos nos alertan respecto a la profundidad de nuestro dolor y a la verdadera naturaleza de nuestros pensamientos. A veces, la angustia y la molestia en nuestro cuerpo nos mueven a lidiar con asuntos o patrones mentales que preferiríamos evitar. Conforme surgen los síntomas, podemos aprender a dejar de tensarnos ante estas sensaciones e intentar hacerlas desaparecer.

En cambio, las escuchamos, las calmamos y quedamos más capacitados para tratar con nuestros pensamientos en ese estado más calmado.

NUESTROS PENSAMIENTOS SON INFLUENCIADOS POR EL ESTADO DE NUESTRO CUERPO

Dirijamos ahora nuestra atención a la contraparte de esta relación recíproca. Tus pensamientos son influenciados por el estado de tu cuerpo. Las respuestas físicas de nuestro cuerpo a las diferencias circunstancias de la vida influencian cómo y qué pensamos. Nuestro cuerpo tiende a existir en uno de tres estados en un momento dado, y estos estados afectan nuestros pensamientos de diferentes maneras.[2] Al leer las descripciones de estos estados a continuación, considera cuál de ellos describe más de cerca tus sentimientos en este momento.

1. Un estado calmado de energía suficiente

Cuando está en su estado más sano, nuestro cuerpo está calmado, pero alerta, involucrado con la vida, pero no nervioso. Nuestros músculos se sienten relajados, nuestro corazón late a un ritmo cómodo y podemos llevar a cabo nuestros patrones normales de alimentación y de sueño. La seguridad y estabilidad que tenemos en nuestro cuerpo se ven reflejadas en nuestros pensamientos. Nuestros pensamientos están concentrados, se mueven a una velocidad cómoda y tienden a dirigirse hacia actividades sanas con una meta. Las emociones de esperanza, gozo y paz nos parecen accesibles. Nuestro trabajo y relaciones pueden prosperar con más facilidad.

2. Un estado movilizado de energía excesiva y nerviosa

A veces, nuestro sistema nervioso se moviliza y nuestro cuerpo entra en un estado de lucha o de huida. Respondemos a la vida como si estuviera llena de peligros. Esta es la experiencia común de aquellos de nosotros que nos vemos afectados por la ansiedad, el estrés, el trauma y algunos tipos de trastornos del estado de ánimo. Nuestro ritmo cardíaco se incrementa y nuestros músculos se tensan. Ya sea de forma sutil o evidente, nuestro cuerpo comienza a tomar una postura de protección ante la vida. Nuestros pensamientos se mueven más rápido y nos descubrimos meditando en lo hipotético. Escoger dónde queremos concentrar nuestros pensamientos se vuelve más difícil. Puede que nos sintamos preocupados, estresados o enojados. Cuando no manejamos bien estos pensamientos y emociones, pueden afectar de forma negativa nuestro trabajo y nuestras relaciones.

3. Un estado aletargado e inmóvil de energía disminuida

Nuestro cuerpo también puede entrar en un tercer estado de inmovilización y de colapso. Nos congelamos en respuesta a las circunstancias difíciles de la vida. Esta es a menudo la experiencia de aquellos de nosotros que estamos deprimidos o hemos vivido traumas. Puede que nuestros músculos se relajen de más, que nuestro apetito desaparezca y que nuestro cuerpo y pensamientos se muevan más lento de lo normal. Sentimientos de tristeza, de depresión, de desesperanza, de culpa y de apatía llenan nuestra alma. Puede que se nos facilite distanciarnos y desconectarnos de nuestras relaciones y que se nos dificulte concentrar nuestros pensamientos en el trabajo y en actividades productivas.

OBSERVA EL ESTADO ACTUAL DE TU CUERPO

Nuestro cuerpo tiende más a entrar a un estado de energía movilizada o aletargada si hemos experimentado algún trauma o estamos sufriendo algún factor crónico de estrés. Sin embargo, todos existimos dentro de estos estados a lo largo de la vida en una u otra medida. La mayoría de nosotros nos movemos de forma sutil entre los tres estados varias veces al día.³ Esto a menudo sucede sin que estemos plenamente conscientes de ello. También es posible experimentar una mezcla de más de un estado al mismo tiempo.

¿Qué estado se asemeja más a tus sentimientos en este momento? ¿Tu cuerpo se siente nervioso y tenso? ¿Se siente congelado y deprimido? ¿O tienes un sentido cómodo de calma? Ya que cada uno de estos estados ocurre en un continuo, sus síntomas pueden ser desde evidentes hasta sutiles. Toma un momento para notar qué estás experimentando en este momento.

¿Qué sensaciones físicas notas en tu cuerpo mientras lees? ¿Qué emociones yacen justo por debajo de la superficie? ¿Hacia qué pensamientos te sientes más atraído?

Con la práctica, puedes comenzar a identificar en tiempo real cómo responde tu cuerpo a la vida.

UNA MEDITACIÓN GUIADA PARA CALMAR TU CUERPO

Mientras más atención prestes durante el día, más rápido notarás cuando tu cuerpo comienza a abrumarse o a aletargarse de más. Entonces, puedes usar varias estrategias para llevar a tu cuerpo hacia un estado más sano de energía adecuada. Una estrategia sencilla que puedes intentar ahora mismo es un ejercicio básico de respiración. Puedes usar tu respiración en cualquier momento para ayudarte a llegar a un estado de calma o para incrementar el estado de calma en el que ya estás.

Comienza esta meditación inhalando hondo por la nariz mientras cuentas hasta cuatro. Detente por un momento y toma nota del sutil espacio entre la inhalación y la exhalación. Luego, exhala lentamente por tu boca mientras cuentas de nuevo hasta cuatro. Inténtalo una vez más. ¿Sentiste que se relajó tu cuerpo, aunque sea un poco?

Practiquémoslo de nuevo. Esta vez, pon una mano sobre tu estómago y otra sobre tu pecho. Muchas personas tienen la tendencia a hacer respiraciones superficiales con el pecho. En cambio, intenta respirar con tu estómago. Al inhalar, quieres sentir que la mano sobre tu estómago se mueve mientras la que tienes sobre tu pecho se queda inmóvil. La meta no es respirar de forma perfecta. Respirar hondo con el estómago requiere de práctica y puede ser difícil para algunos. Sencillamente, experimenta con ello y ten en cuenta que se facilita con la práctica. Si te parece estresante intentar respirar así, solo respira de la manera que más te relaje. Cierra tus ojos y sigue respirando en este patrón de respiración cinco veces. Toma nota de lo que sucede.

Detente para respirar

A medida que sigues respirando, comienza a meditar en el Salmo 46:10, el cual dice: «Estén quietos, y sepan que Yo soy Dios». Permite que las palabras de este salmo se sincronicen con tu respiración. Al inhalar, recuerda: *Estén quietos*. Al exhalar, recuerda: *y sepan que Yo soy Dios*. Inhala de nuevo: *Estén quietos*. Exhala de nuevo: *y sepan que Yo soy Dios*. Continúa dos veces más con esta meditación. Toma nota de cómo te sientes.

Detente para respirar y meditar

Toma nota de la postura natural de tu cuerpo. Si estás inclinado hacia adelante en tensión, permítete relajarte y echarte para atrás. Si estás colapsado sobre ti mismo, enderézate y toma una posición más abierta. Inhala de nuevo y, al soltar la respiración, permite que tu rostro se relaje. Abre tu boca un poco y deja que tu mandíbula se relaje.

Detente para respirar y relajarte

Observa tus hombros. Préstale atención a cualquier tensión o estrés que estés reteniendo. Inhala de nuevo y, al soltar la respiración, permite que tus hombros se ajusten. Reconoce tu deseo de entregarle tu estrés a Dios. Recuerda las palabras de Jesús en Mateo 11:28: «Vengan a Mí, todos los que están cansados y cargados, y Yo los haré descansar». Sincroniza estas palabras con tu respiración. Inhala: *Vengan a Mí.* Exhala: *Yo los haré descansar.* Inhala de nuevo: *Vengan a Mí.* Exhala de nuevo: *Yo los haré descansar.* Repite esta meditación tres veces.

Detente para respirar y meditar

Siente tus brazos y tus manos. Cierra tus puños por un momento y pregúntate qué necesitas soltarle a Dios. Recuerda las palabras de Jesús al anticipar la cruz (Lc 22:42): «No se haga Mi voluntad, sino la Tuya». Sincroniza estas palabras con tu respiración. Inhala: *No se haga Mi voluntad.* Exhala mientras abres tus manos: *sino la Tuya.* Inhala de nuevo, cerrando tus puños: *No se haga Mi voluntad.* Exhala de nuevo, relajando tus manos: *sino la Tuya.* Repite esta meditación tres veces.

Detente para respirar y meditar

Siente tus piernas y tus pies. Si estás sentado o de pie, planta tus pies en el suelo con firmeza. Si no, ponte en una posición en la que puedas colocar ambos pies sobre el piso. Si no puedes hacerlo, visualiza las siguientes instrucciones. Salmos 61:2 dice: «Desde los confines de la tierra te invoco, cuando mi corazón desmaya. Condúceme a la roca que es más alta que yo». Con cuidado, empuja el piso con los pies, sintiendo o visualizando el suelo debajo de ti. Luego, sincroniza este pasaje de las Escrituras con tu respiración. Inhala: *Condúceme.* Exhala mientras relajas tus pies: *a la roca.* Empuja con tus pies e inhala de nuevo: *Condúceme.* Relaja tus pies y exhala de nuevo: *a la roca.* Repite esta meditación tres veces.

Detente para respirar y meditar

Al terminar con este tiempo de meditación, descansa con Dios por un momento. Haz a un lado todos tus pensamientos y permanece en Su presencia. Cuando te sientas listo, regresa tu atención a la habitación. ¿Qué notas? ¿Qué sucedió con el estado de tu cuerpo? ¿Qué sucedió con el estado de tus pensamientos?

CALMAR NUESTRO CUERPO NOS AYUDA A DAR UN PASO ATRÁS Y A REFLEXIONAR

Para muchos, la respiración profunda echa a andar una respuesta inmediata de calma. Sincronizar la respiración profunda con una meditación bíblica puede ser especialmente poderoso ya que esta estrategia se enfoca de forma simultánea en ambas partes de la identidad con la que Dios nos creó. Al practicar la meditación anterior, es probable que hayas comenzado a avanzar hacia un estado de energía adecuada.** En este estado, encontramos un lugar de reflexión y damos un paso atrás que nos ayuda para continuar el proceso de transformar nuestros pensamientos.

Las estrategias que calman nuestro cuerpo pueden darnos un lugar temporal de refugio cuando es más sabio lidiar con la raíz de nuestros pensamientos indeseados en algún momento futuro. Es probable que no tengas el tiempo para profundizar tu entendimiento de tus pensamientos en medio de tu día de trabajo, mientras ayudas a tus hijos con su tarea o cuando estás

---

** No te preocupes si la respiración profunda no tuvo un efecto calmante para ti. Existen muchas razones por las que podrías necesitar estrategias diferentes o adicionales para calmar tu cuerpo. Por ejemplo, tanto el trauma como el dolor crónico pueden bloquear el efecto calmante de la respiración en el cuerpo. Como con todas las estrategias de este libro, tu única menta es experimentar y permanecer curioso sobre qué te funciona y qué no te funciona. Siéntete con la libertad de modificar el ejercicio de respiración de tal manera que te haga sentir bien o de concentrate en otras estrategias que te parezcan más de aquí en adelante.

escuchando a un amigo que te necesita. Eso está bien. Respira hondo. Medita en un pasaje bíblico favorito o en un pasaje que hayas leído por la mañana. Haz a un lado tus pensamientos. Tendrás que lidiar con ellos más tarde, pero no necesitas hacerlo ahora mismo.

Otras veces, cuando estamos en un mejor contexto para lidiar con nuestros pensamientos, calmar nuestro cuerpo nos ayuda a detenernos, lo cual genera un mejor contexto para reflexionar.[4] Respirar hondo puede interrumpir los pensamientos, los sentimientos y las sensaciones físicas abrumadoras. A medida que nuestro sistema nervioso avanza hacia un estado de energía adecuada, nos damos el espacio para detenernos y pensar. Tenemos el espacio para escoger una respuesta mejor. Estamos colocados en una mentalidad más calmada que nos permite aprovechar mejor muchas de las otras estrategias en este libro.

8

REPARA TUS PENSAMIENTOS

¿Cuándo comenzó? Esta es una de las primeras preguntas que le hago a mis aconsejados. ¿Cuándo comenzaron los pensamientos indeseados? Puede que no recuerdes el momento exacto en el que se tuviste estos pensamientos, así que está bien si necesitas pensar en términos generales. Aproximadamente, ¿qué edad tenías? Y ¿qué estaba sucediendo en tu vida entonces? Estas pueden ser preguntas reveladoras. Los pensamientos indeseados a menudo comienzan durante temporadas estresantes de la vida. A menudo, tienen que ver con relaciones o circunstancias difíciles. Puede que estén conectadas con un trauma, con una crisis o con una lucha continua. Escoge un pensamiento, cualquier pensamiento, y de seguro descubrirás que tiene un origen significativo.

A veces, ni siquiera consideramos que los pensamientos que tenemos hoy podrían tener su origen en eventos que ocurrieron hace semanas, años o hasta décadas y que podrían ser sanados cuando revisamos estos eventos. Puede que te parezca que las cosas que sucedieron hace mucho tiempo ya no deberían afectarte y que, cuando pasan las circunstancias difíciles, los pensamientos indeseados también deben pasar. Sin embargo, a menudo, esto no es así. Nuestras experiencias pasadas a menudo tienen un impacto inconsciente en nuestro pensamiento actual.

En este capítulo, te mostraré cómo revisar eventos y relaciones pasadas para ayudarte a reparar pensamientos imprecisos que puedes ser tentado a creer. En cierta medida, este proceso implica remplazar pensamientos falsos con pensamientos verdaderos. Pero reparar nuestros pensamientos es un proceso mucho más profundo que simplemente remplazar mentiras con la verdad. Estamos buscando primero descubrir *por qué* comenzamos a creer las mentiras en un inicio.

Encontrar el «porqué» nos da un punto de partida tangible a medida que comenzamos el proceso de transformar nuestros pensamientos. Esto a menudo nos lleva a personas y experiencias que nos formaron profundamente. Los pensamientos imprecisos a menudo se desarrollan gracias a un entendimiento impreciso de nuestras historias. Nuestros pensamientos pueden ser reparados si reconsideramos los recuerdos y las relaciones del pasado para poder explorar los mensajes falsos que nos han moldeado, encontrar a Dios en nuestras experiencias pasadas y conectar nuestra vida con las historias bíblicas.

EXPLORANDO LOS MENSAJES FALSOS QUE NOS HAN FORMADO

Jane lucha con un bombardeo de pensamientos indeseados. *No soy lo suficientemente buena.* Nunca puedo hacer nada bien. Estos estallan cada vez que le cuesta conectarse con nuevos amigos, todos los días que no puede mantener limpia la casa y cada vez que pasa tiempo en las redes sociales. Lo peor viene cuando considera sus fracasos percibidos como madre. Pensamientos indeseados se entrometen mientras intenta ayudar a sus hijos con su tarea, toma decisiones sobre la disciplina y sondea los constantes altibajos de criar cuatro hijos. *No soy lo suficientemente buena. No soy lo suficientemente paciente. Soy una madre terrible.*

Un día, abrumada por completo y sin la menor idea de qué hacer, le comparte estos pensamientos a una sabia amiga que comienza a hacerle preguntas. En ese momento, es como si se le prendiera un foco. Jane escuchó estos mensajes por primera vez de su madre. Su madre a menudo la regañaba por no hacer bien las cosas. Un recuerdo clave se le viene a la cabeza. Cuando Jane tenía nueve años, estaba ayudando a su madre a hornear galletas. Se le cayó al piso por accidente una bolsa entera de harina, y su madre se puso furiosa. Jane aún recuerda la mirada en el rostro de su madre mientras le gritaba y la echaba de la cocina: «¿Qué te pasa? ¡Nunca haces nada bien! Vete de la cocina, y yo terminaré esto sola. Será más fácil sin ti».

Al revisar este recuerdo, Jane se da cuenta de que representa un tema de su niñez que se ha infiltrado en los pensamientos que tiene ahora como adulta. Sus padres a menudo le gritaban por pequeñeces. A menudo, la comparaban con sus hermanos más exitosos y constantemente la hacían sentir pequeña, insignificante y despreciable. Aunque Jane puede razonar en su cabeza que no es una persona terrible y sí hace muchas cosas bien, nunca puede sentir en su corazón que estos pensamientos son verdad. Los mensajes que su madre le expresó no pueden remplazarse con tanta facilidad. Necesitan ser reparados.

Nuestros pensamientos se ven afectados por la acumulación de nuestras experiencias y relaciones pasadas. Podemos saber qué es verdad al leer las Escrituras. A veces, esta información llega hasta nuestra mente, pero no permea nuestro corazón. Dios a menudo nos ayuda a remediar esta desconexión al enviar personas y experiencias a nuestra vida que ejemplifican esta verdad.

La capacidad de Jane para verse de forma precisa crece a medida que habla con su amiga, es sincera con su esposo y, con el tiempo, habla con un consejero. En estas conversaciones, ella tiene contacto con personas que la tratan como una persona con valor incluso cuando ella no siente que lo tenga. Estas conversaciones también le traen recuerdos de otras personas clave en su vida que no la han tratado con el mismo desdén que experimentó de parte de su madre. Ella comienza a recordar momentos agradables de hornear con su abuela, quien nunca la hacía sentir insuficiente y nunca se enojaba cuando Jane se equivocaba.

Una de las razones por las que el proceso de reparar pensamientos relacionados con experiencias pasadas se nos puede dificultar es porque nuestro cerebro tiene una tendencia negativa empedernida.[1] Algunas investigaciones han demostrado que tenemos la tendencia a prestarles más atención a los eventos y mensajes negativos que a los positivos. Nos aferramos a lecciones que hemos aprendido de desprecios, insultos, traiciones y abusos, y nos olvidamos de los mensajes positivos que también hemos recibido. Nuestros pensamientos, decisiones y acciones entonces se tuercen a la luz de los mensajes negativos en los que nos enfocamos.

Me imagino que esta es una de las razones por las que Dios redirige constantemente nuestros pensamientos y nos dice qué es lo más importante que debemos recordar. En lugar de permitir que nos obsesionemos con todo lo que ha salido mal, con todas esas veces en que la vida no parecía corresponder con la Palabra de Dios y con todos aquellos momentos cuando sentimos que Dios no estuvo allí, las Escrituras dirigen nuestros pensamientos en una nueva dirección. Nos llaman a recordar, más bien, las maravillas, las obras y los prodigios de Dios (cf. Sal 77:11; 105:5). A recordar cómo nos guio en medio del sufrimiento y el dolor, nunca dejándonos solos (cf. Dt 8:2). A recordar todo lo que Jesús ha dicho y hecho (cf. Jn 14:26). A recordar Su cuerpo y Su sangre derramada por nosotros (cf. 1 Co 11:24-25).

La meta de recordar no es olvidar lo negativo y enfocarnos solo en lo positivo. La meta es librarnos de nuestra tendencia hacia la negatividad y considerar con honestidad nuestros recuerdos y experiencias, tal como sucedieron. En lugar de torcer nuestros pensamientos en una dirección, reconocemos honestamente los mensajes negativos que han afectado nuestros pensamientos mientras también nos aferramos con propósito a los mensajes sanos que con tanta facilidad olvidamos.

ENCONTRANDO A DIOS EN NUESTRAS
EXPERIENCIAS PASADAS

No soy interesante. Es un pensamiento con el que he luchado en varias etapas a lo largo de mi vida. Estoy segura de que este pensamiento tiene una variedad de orígenes, pero una experiencia contribuyente me parece importante. Estaba con un grupo de personas en un viaje de varios días. Estábamos acostados en nuestras bolsas de dormir, entreteniéndonos con un juego espontáneo parecido a los premios escolares. Acostados allí, las personas gritaban el nombre de alguien en el grupo y un escenario «más probable». La más probable en llegar a ser presidenta es Jen. El más probable en ganar un Oscar es Tom. La más probable en tener doce hijos es Cindy. El juego avanzó por un tiempo y todos fueron nombrados, menos yo. Lo más probable es que yo no haría nada.

Este recuerdo me acompañó durante mucho tiempo. Provocó pensamientos que quedaron por debajo de la superficie. *¿De verdad soy tan poco interesante? ¿Soy tan aburrida que nadie puede imaginarme haciendo algo bueno o emocionante en el futuro?* En ocasiones, pensamientos así resultan en sentimientos de inseguridad que me afectan cuando me estoy presentando con alguien. Quiero que termine la presentación lo antes posible y decir lo menos que pueda sobre mí misma, lo cual solo refuerza la noción de que de hecho *soy* poco interesante y aburrida. Las personas perciben esta energía ansiosa en mí y se sienten incómodas en mi presencia.

Una noche, acostada en cama y quedándome dormida, comencé a enfocarme en este recuerdo. Visualicé al grupo acostado en sus bolsas de dormir y hablando, y tuve una sensación de vergüenza y de bochorno. Lo que sucedió entonces de seguro fue dirigido por el Espíritu Santo. Me hice una pregunta: ¿Dónde estaba Dios en ese momento? Sí, Él está en todo lugar y estaba presente a mi lado, pero ¿dónde lo vi en esta imagen mental?

Hice un alejamiento de la imagen en mi mente, casi como si una cámara se moviera hacia un panorama general de la escena. En esta imagen, visualicé a Dios como un reflector en el cielo. Él estaba mirándome desde arriba, viéndome cuando todos los demás me habían olvidado. El potencial en mi vida que nadie veía esa noche era visto por Dios. Esa nueva imagen mental es poderosa. Cuando visualizo esa imagen y recuerdo cómo me ve Dios, me libera para verme con claridad y ser mi verdadero yo. Me trae más pensamientos redentores a la mente: *Soy interesante. Tengo potencial en Cristo. Soy vista y conocida por Dios.*

Transformar así mis pensamientos transforma mis sentimientos, lo cual transforma mis acciones y me hace más amorosa con otros. Al avanzar hacia la confianza en las maneras únicas en que Dios me ha hecho, puedo comenzar a sentirme más segura y menos ansiosa al hablar con otros. Esto me ayuda a amar mejor a los demás. La gente siente menos energía ansiosa de mi parte. Me perciben menos distante o fría, y las personas se pueden sentir más cómodas en mi presencia. Puedo entablar y formar relaciones mejor cuando soy honesta respecto a las maneras únicas en que Dios me ha hecho y tengo la confianza de ponerlas por obra.

¿Dónde está Dios? ¿Dónde está Él cuando pasamos por alguna lucha, quebranto, crisis, vergüenza o trauma? Él está cerca y no lejos (cf. Jer 23:23-24). Su gloria, bondad y amor llenan la tierra... y nuestra vida. Él está siempre presente con nosotros mientras vivimos nuestra historia. Nuestra capacidad para visualizar esto es importante. Nuestra consciencia de la presencia de Dios con nosotros en nuestras experiencias pasadas y presentes influencia nuestro pensamiento al respecto. Podemos aprender a ver nuestros recuerdos, a voltear a Dios y a considerar lo que dicen las Escrituras sobre cómo Él nos estuvo mirando mientras pasábamos por diversas experiencias de nuestra vida. Esto puede ayudarnos a crear imágenes mentales más precisas y útiles que luego influencian nuestro pensamiento actual.

CONECTANDO NUESTRA VIDA CON LAS HISTORIAS BÍBLICAS

Jihoon fue adoptado en Corea de bebé y creció sin saber nada sobre sus padres genéticos. Durante toda su vida, sintió una incómoda consciencia de lo diferente que era de todos los demás que conocía. De niño, se sentía como extranjero en su grupo de amigos y, de adulto, sigue sin saber en dónde encaja. No se siente estadounidense. No se siente coreano. Todas las noches, cuando se acuesta en la cama y recuerda su día, sus pensamientos divagan hacia la misma dirección. *No pertenezco. No encajo en ningún lado. Soy un marginado.*

Sus pensamientos comenzaron a cambiar cuando consideró la historia de Moisés. Moisés fue un bebé hebreo que creció en la corte de Egipto. Jihoon se imaginó que Moisés de seguro sintió algunas de las mismas cosas que él y luchó con pensamientos similares. Atrapado entre dos culturas diferentes, nunca fue aceptado del todo ni como hebreo ni como egipcio. Jihoon se dio cuenta de que Dios colocó a Moisés en este confuso choque de culturas por una razón. Es probable que el trasfondo único de Moisés lo haya ayudado a negociar con el Faraón y también a convencer a los israelitas que era hora de partir. Su experiencia única de vivir entre dos culturas fue usada por Dios como parte importante de la historia de Dios.

Estas conexiones no eliminaron la tensión ni la incomodidad que sentía Jihoon, pero sí comenzaron a transformar sus pensamientos. Ahora, acostado en la cama por la noche, sus pensamientos comenzaron a divagar en nuevas direcciones. *¿Y si Dios tiene un propósito con esto? ¿Y si me ha traído aquí por una razón? Me siento marginado, pero tal vez la verdad es que estoy* *siendo llamado a hacer más de lo que creí.* Comenzó a imaginarse diferentes maneras en las que Dios podría usar sus dones y sus circunstancias únicas.

Nuestra capacidad para avanzar hacia nuevos pensamientos puede depender de ese momento en el que nos damos cuenta de dónde encaja nuestra historia en las Escrituras. Durante varias sesiones de consejería, he visto cómo la historia del hijo pródigo ayuda a las personas a pasar de pensamientos de *No soy amado* a *Sí soy amado.* Historias del pecado y la restauración de David ayudan a muchos a avanzar de la idea de *Soy un caso perdido* a la de *Soy perdonado.* De forma personal, conforme he tratado con temporadas difíciles de enfermedades crónicas, la historia de la ofrenda de la viuda me ha ayudado a cambiar mis pensamientos de *Soy un fracaso* a *Dios se agrada con lo poco que tengo que ofrecer.* Las historias de las Escrituras pueden remplazar las historias distorsionadas o incompletas que nos repetimos a nosotros mismos, ayudándonos a alinear nuestros pensamientos con los pensamientos de Dios.

TRANSFORMANDO NUESTRA HISTORIA FUTURA

Tratar con nuestros pensamientos presentes al mirar los eventos del pasado puede transformar nuestra historia futura. Cuando Jane comenzó a creer que era valiosa, ella comenzó a vivir conforme a su experiencia de ese valor. Comenzó a ver sus fortalezas y a darse cuenta de que su idea de que era una mala madre era falsa. Mientras más se veía como una buena madre, más ponía por obra esa verdad. En mi propia historia, crecer en confianza al enfrentarme a situaciones sociales me puede ayudar a ofrecerle a las personas una presencia menos ansiosa. Cuando Jihoon exploró la historia de Moisés, sus pensamientos lo llevaron hacia un ministerio que aplicaba la capacidad única que Dios le había dado. Nuestras experiencias pasadas nos están llevando a algún lado. Están influenciando la naturaleza de nuestros pensamientos actuales y la dirección de nuestra historia futura.

Romanos 12:2 dice: «No se adapten a este mundo, sino transfórmense mediante la renovación de su mente, para que verifiquen cuál es la voluntad de Dios: lo que es bueno y aceptable y perfecto». Al explorar nuestra historia y transformar nuestro pensamiento, nos estamos alejando de esa adaptación al mundo y avanzando hacia la voluntad de Dios. Reparar las imprecisiones en nuestro pensamiento que han sido influenciadas por nuestras experiencias pasadas es una forma en la que guiamos a nuestros pensamientos e historias en la dirección que Dios desea que vayan.

UNA PRÁCTICA GUIADA CON AYUDA DE TU
DIARIO PARA REPARAR LOS PENSAMIENTOS

Puede que estés pensando que este capítulo incluye algunas historias muy bonitas, pero que parece un proceso complicado. ¿Cómo podrías tu si quiera empezar a hacer cambios similares? En ocasiones, las personas establecen conexiones entre su historia pasada y sus pensamientos presentes de forma espontánea, pero lo más común es que esto suceda mediante una conversación y reflexión intencionadas. Reparar los pensamientos es una estrategia que a menudo requiere ayuda externa de alguien que pueda ofrecernos una perspectiva diferente y hacerte preguntas que quizás no has considerado antes. Puedes considerar contactar a un amigo, como lo hizo Jane, o hacer una cita con un consejero para ayudarte a procesar tu historia.

Si prefieres reflexionar por tu cuenta, he creado una práctica para guiarte con un diario. Se basa en la obra de Dan Allender, cuyos escritos me han enseñado mucho sobre cómo interactuar con la historia de nuestra vida.[2] Me he beneficiado en lo personal de escribir en un diario con lo que Dan Allender llama los «recuerdos influyentes».[3] Estos recuerdos influyentes incluyen momentos específicos en los que hemos experimentado algún daño o dolor y momentos específicos en los que hemos experimentado aliento y bendición. Al interactuar con nuestra historia de una manera honesta, aprendemos cómo hemos sido afectados por las experiencias tanto buenas como malas. Esto nos ayuda a tomar decisiones más conscientes sobre cómo estamos permitiendo que nuestro pasado sigua influenciando nuestros procesos mentales hoy.

Toma algo en lo que puedas escribir; un papel y una pluma; tu teléfono; un documento en la computadora; lo que sea que te parezca más fácil y natural para ayudarte a expresar tus pensamientos. Si prefieres no escribirlo, otra opción es apartar un tiempo intencionado para reflexionar sobre cada una de las siguientes preguntas. En lugar de anotar tu respuesta, puedes cerrar tus ojos y poner un temporizador de dos o tres minutos y reflexionar durante ese tiempo.

Comienza la práctica de escritura identificando un pensamiento que quieras transformar. ¿Con qué pensamiento indeseado quieres trabajar hoy?

Detente para escribir o reflexionar

Mantén en mente este pensamiento que has identificado. ¿A qué parte de tu pasado te trasporta este pensamiento? Sé curioso y déjate sorprender. ¿Puedes recordar la primera vez que tuviste este pensamiento? ¿A quién te recuerda? ¿Qué recuerdo o recuerdos pasados pueden estar relacionados con él? Incluso si estás escribiendo, cierra tus ojos por un minuto y reflexiona sobre estas preguntas antes de seguir escribiendo.

Detente para escribir o reflexionar

Escoge solo uno de los recuerdos que vinieron a tu mente al considerar el origen de tu pensamiento. No te preocupes por elegir el recuerdo «perfecto». Tan solo enfócate en uno de los recuerdos que te parezca más relacionado. Hasta podría ser un recuerdo que parezca pequeño o insignificante. Está bien. Si te parece que está relacionado, continúa. Puede que te sorprenda cuánto te afectó después de todo. Escribe sobre este recuerdo con más detalle. ¿Qué sucedió? ¿Cómo te sentiste? ¿Qué mensajes falsos le aprendiste a esa experiencia? ¿Cómo siguen afectando esos mensajes falsos tus patrones mentales?

Detente para escribir o reflexionar

Al considerar cómo sigue afectando tu pensamiento actual este recuerdo, permite que tu mente divague hacia otras personas y experiencias que podrían ayudarte a tener pensamientos más verdaderos, útiles, apropiados y completos. ¿Qué personas ha enviado Dios a tu vida para contradecir los pensamientos indeseados que están relacionados con este recuerdo? ¿Qué experiencias has tenido que ejemplifican la verdad que las Escrituras te invitan a creer?

Detente para escribir o reflexionar

Regresa al recuerdo inicial que identificaste. Visualiza ese recuerdo. Describe en detalle la imagen mental. ¿Dónde colocarías a Dios en esa imagen mental? ¿Qué verdades sobre la presencia y el carácter de Dios debes tener presente en tu mente al considerar este recuerdo?

Detente para escribir o reflexionar

Una última vez, regresa al recuerdo inicial que identificaste. Cuando piensas en este evento, ¿a qué historia bíblica te recuerda? ¿Cómo podría esta historia bíblica ayudarte a considerar el recuerdo de una nueva manera?

Detente para escribir o reflexionar

Para terminar la práctica, considera cómo el transformar los pensamientos conectados con este recuerdo te permitiría amarte mejor a ti mismo, a otros y a Dios. Si pudieras transformar tus pensamientos, ¿cómo te ayudaría? ¿Cómo te ayudaría a amar a otros mejor? ¿Cómo incrementaría tu capacidad para vivir para Dios de tal forma que lo glorifiques?

TERCERA PARTE

Técnicas especializadas para transformar los pensamientos

9

APARTA TUS PENSAMIENTOS

Hace seis meses, Nadine fue asaltada a mano armada. Estaba caminando por un parque una noche cuando dos hombres enmascarados salieron de los arbustos y le bloquearon el camino. Uno de ellos le apuntó con una pistola. El otro revisó su bolso y sus bolsillos. Le quitaron su anillo de bodas, le arrancaron el collar con un jalón doloroso y desaparecieron en la oscuridad. Los recuerdos no se fueron así de rápido.

Meses más tarde, imágenes de lo que sucedió todavía se le pasan por la mente. Alguien gritando. Una pistola en su cara. Una mano revisando con fuerza el bolsillo de su chaqueta. Cada vez se acuerda, siente una ráfaga de temor. Siente un espasmo en el pecho y no puede respirar profundo. Está segura de que fue su culpa. *¿Cómo pude ser tan tonta? Nunca debí de haber caminado sola por el parque de noche. Jamás me sentiré segura otra vez. ¿Cómo pudo Dios dejar que me pasara esto?*

Estos pensamientos y recuerdos la consumen. No puede trabajar ni dormir. Conversar le parece imposible. ¿Cómo pueden interesarles tanto a las personas el clima y las últimas modas cuando el peligro asecha en cada esquina? Le es difícil concentrarse en cosas que solían importarle. Antes de aquella noche, su plan era regresar a la escuela. Ahora, a duras penas puede sobrevivir el día.

Desesperanza; es la peor parte; deambula por ahí, preguntándose si se sentirá así para siempre. Estos pensamientos difieren de cualquier otra cosa que haya experimentado. No siente la confianza de examinarlos. No puede orarlos porque apenas puede mirarlos. En el momento en que comienza a pensar en lo que sucedió, su corazón se acelera con tanta fuerza que tiene que distraerse de inmediato para evitar que sus pensamiento se salgan de control.

Si has experimentado un trauma como el de Nadine, es posible que las estrategias que has encontrado en este libro hasta este punto no hayan sido efectivas. Es posible que algunas hasta te hayan hecho sentir peor. Para entender por qué puede suceder esto, debemos entender a nivel fundamental el impacto que el trauma tiene en nuestros pensamientos. Luego, consideraremos cómo este impacto lleva a los supervivientes de un trauma a beneficiarse de una técnica un poco diferente. Esta técnica especializada incluye estrategias que te ayudan a apartar tus pensamientos de forma temporal, en lugar de intentar lidiar con ellos frente a frente de inmediato. Apartar tus pensamientos puede ayudarte de forma temporal a reducir la intensidad de tus pensamientos mientras reúnes personas y recursos para ayudarte a lidiar con ellos de forma más permanente.

CÓMO IMPACTA EL TRAUMA NUESTROS PENSAMIENTOS

Muchos de nuestros pensamientos indeseados más persistentes están relacionados con traumas pasados o con circunstancias difíciles que nos persiguen hasta el presente.

El trauma ha sido descrito como una «aflicción de los impotentes».[1] Cuando Nadine fue asaltada, fue lanzada a una situación de «temor, impotencia, pérdida de control y amenaza de muerte intensos».² Los eventos traumáticos que pueden producir un diagnóstico de trastorno de estrés postraumático incluyen una amenaza de muerte o de daño físico a uno mismo o a una persona que amamos. Estos eventos traumáticos «mayores» incluyen incidentes como abuso infantil, combate militar, abuso sexual, tiroteos masivos, desastres naturales y accidentes automovilísticos mayores.

Sin embargo, un evento angustiante no tiene que incluir una amenaza de muerte o de daño físico para abrumar la capacidad de una persona para procesarlo y lidiar con él. Otras experiencias traumáticas «menores» pueden incluir abuso emocional o espiritual, acoso, divorcio, problemas legales, dificultades económicas o cualquier pérdida importante.

Un incidente traumático puede o no tener un impacto duradero, dependiendo de cómo la persona que lo experimenta percibe lo que sucedió. Mientras más impotente e incapaz para responder se siente una persona, más probable es que el incidente tenga un impacto traumático en ella.³ Después de un incidente traumático, algunos individuos experimentan síntomas importantes de estrés postraumático que afectan todas las áreas de su vida, incluyendo sus procesos mentales.

El trauma amenaza nuestras creencias más profundas y «hace añicos lo que creíamos ser verdad respecto a nuestro mundo».⁴ Un incidente traumático se convierte en una experiencia «abrumadora», lo cual resulta en creencias que «se convierten en el fundamento sobre el cual se procesa toda la demás información».⁵ Antes de ser asaltada, Nadine interactuaba con la vida con creencias fundamentales sanas. Ella creía estar segura. Pensaba que era juiciosa. Consideraba a Dios un protector amoroso. El trauma desafió estas creencias y pareció comprobarle que nunca estaba segura. Comenzó a creer que no podía confiar en sus propias decisiones. Se cuestionó si Dios era tan amoroso como ella había creído.

POR QUÉ PERSISTEN LOS PENSAMIENTOS RELACIONADOS CON UN TRAUMA

Los pensamientos relacionados con un trauma tienden a ser difíciles de transformar. Existen al menos cinco razones: el trauma 1) cambia la manera en que almacenamos los recuerdos, 2) altera el habla y lenguaje, 3) dispara sensaciones abrumadoras en nuestro cuerpo, 4) influencia cómo prestamos atención y 5) atrofia nuestra capacidad para establecer conexiones.

Los recuerdos de un trauma están fragmentados. Siendo que la memoria normal autobiográfica consiste en «historias con un principio, una mitad y un final», los recuerdos de un trauma están desorganizados.[6] Sus detalles a menudo son olvidados. La línea de tiempo del incidente traumático a menudo está revuelta. Los recuerdos «carecen de narrativa verbal» y, en cambio, están «codificados en forma de sensaciones e imágenes vívidas».[7]

Ya que el trauma cambia la manera en que se codifican los recuerdos, los sucesos traumáticos a menudo parecen imposibles de verbalizar. De esta manera, el trauma altera el habla y el lenguaje. Algunos sobrevivientes pueden describir con facilidad qué pasó, pero sus historias «rara vez plasman la verdad interna de la experiencia».[8] Las palabras no alcanzan para describir todo el impacto de lo que les sucedió en el pasado y la medida en la que el pasado sigue infiltrándose a su experiencia del presente. Cambios físicos en el cerebro pueden explicar esta alteración. Los escaneos cerebrales de personas que experimentan recuerdos recurrentes demuestran que el trauma «apaga» el área de Broca, el centro del habla en el cerebro. Una persona que tiene el área de Broca desactivada no puede «verbalizar los pensamientos y los sentimientos».[9] Es difícil transformar un pensamiento que no puedes verbalizar por completo.

También es difícil transformar un pensamiento que uno no tiene la confianza para observar con atención. El trauma produce sensaciones abrumadoras en el cuerpo que persisten mucho después de que ha pasado el evento. Pensar en lo que sucedió durante el incidente o examinar los pensamientos relacionados con él pueden generar recordatorios físicos y emocionales abrumadores del trauma. Pueden aflorar sentimientos intensos y a veces aterradores de culpa, de vergüenza, de enojo, de temor, de reproche o de tristeza. Pueden aparecer sensaciones físicas incómodas o dolorosas como un ritmo cardíaco acelerado, descargas de adrenalina, dolores de cabeza, dolores de estómago o una presión en el pecho. Si esta es tu experiencia, algunas de las estrategias de este libro que te piden observar tus pensamientos o prestarle mucha atención a tu cuerpo pueden parecerte inútiles o peligrosos.

Estas sensaciones abrumadoras pueden influenciar cómo presta atención un sobreviviente. Los sobrevivientes de un trauma pueden volverse demasiado vigilantes, interpretando sensaciones físicas y emocionales como señales de que siguen en peligro mucho después de que ha pasado el incidente. Otras veces, los sobrevivientes de un trauma entran en un estado de indiferencia que les da un alivio temporal de estos pensamientos, sentimientos y sensaciones abrumadoras. Puede ser que se desconecten mientras el mundo sigue avanzando fuera de su consciencia plena. Estas repuestas al trauma pueden hacer difícil que los sobrevivientes de un trauma usen las estrategias de concentración o averigüen qué está pensando o sintiendo en realidad.

El impacto de un trauma en la memoria, la atención, las emociones y las sensaciones físicas puede alterar la capacidad de una persona para establecer conexiones. Los síntomas de un trauma, los cuales incluyen los pensamientos y las creencias relacionadas con un trauma, «tienen la tendencia a desconectarse de su fuente y tomar vida propia».[10] Una persona puede ignorar cuando los sentimientos intensos o los pensamientos abrumadores que está experimentando en el presente están relacionados con un incidente traumático de hace semanas, años o décadas. Es a menudo más difícil cambiar pensamientos cuando no reconoces su origen.

UNA TÉCNICA DIFERENTE PARA LOS PENSAMIENTOS RELACIONADOS CON EL TRAUMA

El impacto físico de un trauma no significa que los pensamientos relacionados con un suceso traumático no puedan ser transformados. Los sobrevivientes de un trauma, al igual que cualquier otra persona, pueden buscar alcanzar pensamientos verdaderos que son apropiados a su realidad presente y moldeados por su conocimiento del amor bondadoso de Dios hacia ellos. Sin embargo, dadas las maneras en que un trauma afecta el cerebro y el sistema nervioso de los sobrevivientes, su estrategia para lograr esta meta a menudo tiene que ser diferente a la de otras personas.

El proceso complejo de sanar de un trauma va mucho más allá del alcance de este libro. Si crees que tus pensamientos indeseados están relacionados con un trauma, la información en este libro no será suficiente para enfrentarlos por ti solo. Necesitas a otras personas que nos amimen, amigos y familiares, consejeros experimentados en tratar con traumas, mentores u otros sobrevivientes de un trauma que entiendan lo que estás pasando. Reúne a tu alrededor personas que entiendan el impacto de un trauma y que puedan ayudarte a sanar usando estrategias que traten el daño físico, espiritual, mental y emocional que te causó lo ocurrido.

Mientras tanto, ten cuidado al usar las estrategias anteriores en este libro. Si una de ellas no te funciona o hasta parece empeorar las cosas, ignórala por ahora. En su lugar, concéntrate en las prácticas que te ayudan a apartar tus pensamientos de forma temporal. Es probable que ya tengas práctica haciendo esto. Siempre que te distraes de pensamientos dolorosos al ver la televisión, al salir a correr para ahogar el ruido mental o al decidir no volver a visitar un recuerdo doloroso en tu mente, estás apartando tus pensamientos. Una de mis metas en este capítulo es ayudarte a considerar cómo hacer esto de una manera sana.

La meta de apartar los pensamientos no es ignorar, suprimir ni desestimar la importancia de los pensamientos indeseados y abrumadores. Una de las razones por las que necesitas estrategias para apartar pensamientos es porque esto te puede ayudar a lograr con más facilidad un sentimiento de seguridad. Mientras más seguro y menos abrumado te sientas, con más efectividad podrás tratar con tus pensamientos usando a las personas y los recursos que estás reuniendo a tu alrededor. Una vez que comiences a sentirte más seguro, también es posible que las estrategias que hemos estado presentando comiencen a parecerte más efectivas.

El resto de este capítulo te ofrecerá tres formas prácticas para apartar tus pensamientos.* No intentes practicar las tres estrategias juntas en tiempo real. En cambio, léelas y considera experimentar con la que más te identifiques.

ESTRATEGIA 1: ENTRÉGALE TUS PENSAMIENTOS A DIOS PARA QUE LOS CUSTODIE

Dios nos invita a echar nuestra ansiedad sobre Él porque Él tiene cuidado de nosotros (cf. 1 P 5:7). A muchos de nosotros nos encantaría obedecer esta invitación cuando se nos entromete algún pensamiento indeseado. Queremos tomar los pensamientos y las emociones que no podemos manejar, soltarlos y dárselos a Dios, pero no estamos seguros de cómo lograrlo. Cuando esto nos parece difícil, a veces ayuda usar una imagen mental.

Si lo deseas, lo puedes intentar ahora. Ponte en una posición cómoda y respira hondo unas cuantas veces. Luego, imagina

---

* Además de ser útiles para pensamientos relacionados con traumas pasados, estas estrategias también pueden ser usadas para cualquier experiencia de pensamientos intrusivos, ansiosos o indeseados que te parezcan demasiado abrumadores o peligrosos como para enfrentar por cuenta propia.

que Dios te ha dado un contenedor donde puedes almacenar todos tus pensamientos indeseados para que Él los custodie.[11] Visualiza en tu mente cómo es tu contenedor. Debe tener una manera de cerrarse y de abrirse con tu mente. Debe ser lo suficientemente grande como para guardar todos tus pensamientos indeseados. También debe verse atractivo. Con estas pautas en mente, utiliza tu imaginación para formar el contenedor. Cierra tus ojos y visualiza su forma, su tamaño, su color y su apariencia general.

Detente para reflexionar

Practica cómo usar tu contenedor al recordar algo un poco estresante que te haya sucedido en estos últimos días. No escojas nada traumático. La primera vez que practiques esta estrategia, asegúrate de elegir algo que sea solo un poco estresante. Al pensar en la situación estresante, intenta recordar todos los detalles. ¿Qué sucedió? ¿Qué estabas pensando? ¿Qué estabas sintiendo?

Detente para reflexionar

Toma nota de los pensamientos, los sentimientos y las sensaciones que comienzan a aflorar. De seguro, te vendrán a la mente imágenes mentales y monólogos interiores algo angustiantes. Puede que notes un poco de incomodidad en tu cuerpo o que empieces a sentir emociones difíciles. A medida que aparezcan estas cosas, visualízate a ti mismo abriendo tu contenedor y colocando cada una de ellas adentro.

Detente para reflexionar

Si se te dificulta colocar tus pensamientos en el contenedor, varias estrategias mentales pueden ayudarte. Puedes visualizarte escribiendo tu monólogo interior en un pedazo de papel y colocando el papel en el contenedor. Puedes encoger imágenes mentales para que quepan mejor. Puedes bajarle el volumen a un recuerdo o cambiarle el color a una imagen para hacerla menos angustiante. Puedes imaginarte que Dios está contigo para ayudarte cuando te estancas. A muchas personas también se les hace útil colocar emociones, sensaciones físicas, olores y otras experiencias dentro de su contenedor. Usa tu imaginación en la medida que lo necesites para ayudarte a cambiar, controlar y contener tus pensamientos.

Detente para reflexionar

Una vez que hayas colocado cada pensamiento en el contenedor, imagina que lo cierras. Luego, imagina que tomas ese contenedor y vas a algún lugar fuera de tu hogar donde dejarás esos pensamientos con Dios. Imagínate entregándoselo a Él. ¿Hay algo que quisieras decirle? Detente para elevar una corta oración mientras le entregas tus pensamientos para que los custodie. Pídele que te ayude a dejárselos por completo hasta que puedas en verdad lidiar con ellos con el apoyo suficiente.

Detente para reflexionar

Visualízate dejándole a Dios el contenedor de tus pensamientos y alejándote. Imagina que te sientes más ligero al dejarle tus cargas. Repite este ejercicio de colocar tus pensamientos adentro de este contenedor mental siempre que surjan o se entrometan pensamientos indeseados.

ESTRATEGIA 2: AFÍRMATE EN LA VERDAD DEL MOMENTO PRESENTE

Hemos repetido varias veces a lo largo de este libro que Dios nos muestra cómo dirigir nuestros pensamientos hacia la verdad (cf. Flp 4:8). Aunque las Escrituras son nuestra fuente suprema, también podemos recordarnos verdades básicas de nuestra realidad al observar nuestro entorno y experiencia presentes. Por ejemplo, tal vez haya momentos en los que necesites mirar tu calendario para recordar la simple verdad de que hoy es hoy y no el día en que te sucedió el trauma. Otras veces, quizás necesites echarle un vistazo a tus muebles para recordar la verdad de que estás en tu propio departamento y no en la habitación de tu abusador. O, quizás, haya veces en que necesites mirar el cerrojo de la puerta para recordar que, al menos por el momento, estás seguro.

Cuando las experiencias pasadas y las incertidumbres futuras nos parecen insoportables, puede sernos útil afirmarnos en la sencilla verdad de nuestra realidad presente. Recordarnos la realidad de nuestras circunstancias actuales pueden darnos el sentido de seguridad que nuestro cuerpo y mente necesitan para comenzar a sanar de un trauma.

Si quieres experimentar cuán poderoso puede ser esto ahora mismo, comienza a recordar uno de tus pensamientos indeseados. Permítete meditar en ese pensamiento durante unos treinta segundos. Toma nota de cómo te hace sentir. Toma nota de dónde lo sientes en tu cuerpo.

Detente para reflexionar

Ahora, aparta tu atención de ese pensamiento y pregúntate qué es verdad de tu momento presente. Comienza a responder esta pregunta recordándote algunos datos básicos de tu realidad actual. ¿Qué fecha y qué hora es? ¿Dónde estás? ¿Qué de tu entorno te recuerda que estás seguro? ¿Qué de tu entorno te recuerda que Dios está contigo?

Detente para reflexionar y observar

Ahora, comienza a prestarle atención a tus sentidos y permite que se sintonicen con tu entorno. ¿Qué es verdad de tu entorno presente? Mira a tu alrededor e identifica cinco objetos que puedas ver. Cualquier objeto. La silla al otro lado de la habitación, un libro sobre la mesa, el apagador de la luz en la pared o tal vez algún cuadro muy agradable.

Detente para reflexionar y observar

Considera qué puede sentir y tocar físicamente tu cuerpo. Interactúa con cuatro cosas que puedas sentir. El suéter que llevas puesto, la textura de la silla en la que estás sentado, las páginas del libro que tienes junto a ti, la suavidad de la alfombra bajo tus pies.

Detente para reflexionar y observar

¿Qué puedes escuchar? Identifica tres sonidos diferentes en tu entorno. Tal vez está encendido el aire acondicionado o el sistema de calefacción. Quizás puedes escuchar a niños riéndose afuera, a alguien escribiendo en un teclado o la persona sentada frente a ti respirando con ligereza.

Detente para reflexionar y observar

¿Qué puedes probar? Interactúa con dos sabores diferentes. Toma un sorbo de agua o una botana y piensa en la naturaleza de lo que estás probando. Lávate los dientes, tómate una pastilla de menta o cómete un trozo de chocolate.

Detente para reflexionar y observar

¿Qué cosa puedes oler en tu ambiente? Si es necesario, da un paso más allá y encuentra un aroma agradable. El olor de una vela perfumada, el delicioso aroma de la sopa burbujeando en la estufa, un aceite esencial favorito o cualquier otro olor agradable.

Detente para reflexionar y observar

Al terminar este ejercicio, identifica cómo te sientes. ¿Te sientes más tranquilo y sumido en el presente? ¿Menos inundado por pensamientos indeseados? Esta estrategia puede ser útil para alentar tus pensamientos. También puede ayudarte a sentirte más presente si te sientes desconectado o distante.

ESTRATEGIA 3: INTERRUMPE TUS PENSAMIENTOS CON ACTIVIDADES RELAJANTES

Cuando tenemos un dolor profundo, a veces nos olvidamos de usar las herramientas básicas que Dios nos ha dado para mejorar nuestro funcionamiento. Nos olvidamos de nuestras necesidades básicas e ignoramos el cuidado de nosotros mismos. No nos sentimos motivados a buscar compañerismo. Olvidamos estrategias sencillas que nos ayudan a poner nuestra mente en reposo.

Interrumpir tus pensamientos con actividades relajantes puede darte el alivio que tanto necesitas mientras encuentras personas y recursos que te ayuden a lidiar con la raíz del problema. Si experimentas cualquier tipo de pensamiento que te parece opresivo, implacable o resistente al cambio, considera hacer unas listas de actividades relajantes que puedas usar cuando surjan estos pensamientos.

1. *Anota una lista de personas y de recursos en los que puedes apoyarte.* ¿Qué familiares, amigos, miembros de la iglesia, consejeros profesionales, organizaciones y teléfonos de emergencia pueden ayudarte?
2. *Anota una lista de lugares que te ayudan a sentirte seguro, arraigado y en paz.* Por ejemplo, ¿podrías ir a un parque, a un café, a la casa de un amigo o a una habitación o lugar específico dentro de tu propia casa?
3. *Anota una lista de pasatiempos e intereses que disfrutas.* ¿Te gusta la jardinería, el senderismo, la fotografía, el ciclismo, el tejido, el cocinar, el trabajo manual o el diseño?

4. *Anota una lista de actividades que requieren altos niveles de concentración o que te dan descanso mental.* ¿Podrías escuchar música, hacer ejercicio, escribir un artículo, jugar videojuegos, ver televisión, leer un libro, completar un crucigrama, escuchar un sermón o escuchar la Biblia en audio?
5. *Anota una lista de maneras en que puedes mejorar un momento difícil.* Si no puedes deshacerte de un pensamiento indeseado, ¿qué puedes hacer para mejorar el momento mientras lo tengas? ¿Te ayuda orar, tomar un baño, salir a caminar, aliviar tu incomodidad física o visualizar al pensamiento alejándose?

Considera colgar estas listas en algún lugar donde puedas encontrarlas con facilidad. Permite que te recuerden las formas básicas en que puedes cuidar de ti mismo y algunas estrategias sencillas que puedes usar para atender a tus pensamientos en tu rutina diaria.

ESPERANZA Y SANIDAD PARA LOS PENSAMIENTOS RELACIONADOS CON UN TRAUMA

Si estas estrategias te parecen insuficientes para ayudarte a transformar los pensamientos relacionados con un trauma, tienes razón. El proceso de sanidad no termina aquí. Tu siguiente paso es encontrar algún consejero experimentado en tratar con traumas que pueda ayudarte a lidiar con la raíz de cómo el trauma ha moldeado tus pensamientos, absorbido tu corazón y lastimado tu cuerpo.

Después de meses de síntomas cada vez peores, Nadie buscó la ayuda que necesitaba. La primera vez que llegó a su cita, lo hizo con un sentimiento de temor. No quería hablar de lo que le había sucedido. Y le sorprendió que su consejera no le pidiera detalles. Más bien, su consejera le dijo que el primer paso hacia la sanidad era que su cuerpo, mente y alma comenzaran a sentirse seguras de nuevo.

Nadine se tomó unos meses para poco a poco lograr un sentimiento de seguridad. Aprendió varias estrategias para apartar sus pensamientos temporalmente. Reunió a su alrededor un gran ejército de apoyo, comenzó a tomar medicamentos para su ansiedad y comenzó a practicar estrategias de respiración profunda mientras meditaba en las promesas de las Escrituras. Durante una sesión, supo que estaba lista. Finalmente, se sentía capaz de hablar de lo que había sucedido.

Durante los siguientes seis meses, Nadine comenzó poco a poco a armar las piezas fragmentadas de su historia. Su consejera le ayudó a ver conexiones que nunca hubiera podido ver por cuenta propia. Se dio cuenta de cómo sus pensamientos, emociones y síntomas físicos se conectaban entre sí y encontró el origen de ellos en su trauma. Comenzó a verbalizar pensamientos que no había estado consciente de que estaban allí. *Siempre me siento insegura. No puedo confiar en que tomaré buenas decisiones. Dios no me protegió. ¿Acaso me ama?* Nadine estaba comprometida con creer las Escrituras, pero seguía preguntándose qué significaba el amor de Dios en la realidad. ¿Podría llegar a sentir de nuevo la verdad de Su amor?

No fue un proceso ni rápido ni fácil, pero a medida que Nadine continuó procesando su historia en un lugar seguro, sus pensamientos comenzaron a cambiar. Ella empezó a ver cómo había bloqueado de su mente todas las formas en que Dios sí la había protegido. La había protegido del daño físico y enviado a un transeúnte a ayudarla a llegar a casa cuando estaba en estado de choque. También luchó por entender el misterio del amor infalible de Dios que persevera incluso cuando suceden cosas malas. Conforme su cuerpo comenzó a sentirse más seguro y menos activado, pudo a orar de nuevo. Su concentración mejoró y empezó a meditar en las Escrituras. Pudo conectarse de nuevo con otras personas y empezó a experimentar el amor de Dios a través de las personas a su alrededor.

Más de un año después, Nadine salió de su última sesión reflexionando en todo lo que había pasado. *Lo que me sucedió fue terrible, pero el que me haya sucedido en el pasado no necesariamente significa que me sucederá en el futuro. Dios sí me protegió, solo que no de la manera en que yo quería. No entiendo por qué pasó esto, pero sí estoy segura de que Dios está conmigo y de que Él me ama, sin importar las luchas que tenga que atravesar en el futuro.*

10

DESCARTA TUS PENSAMIENTOS

Brian está picando verduras cuando mira del otro de la habitación hacia su hijita jugando con bloques de juguete. Un pensamiento horrible le pasa por la mente. Se visualiza a sí mismo cruzando la habitación y apuñalando a su niña. Tira el cuchillo. Su rostro se enrojece de vergüenza. *¿De dónde salió eso? ¿Qué significa? ¿Será peligroso que esté con mi hijita?*

Marquis no puede estar en lugares altos sin sentir el impulso de arrojarse del borde. No tiene pensamientos suicidas. No quiere morir. Aun así, no puede evitar preguntarse e imaginar: *¿Y si salto?*

La frase *odio a Dios* se repite una y otra vez en la mente de Jin. El pensamiento surge de la nada y, cada vez que lo hace, ella siente que una ola de pesadez le recorre el cuerpo. *No odio a Dios. Amo a Dios. ¿Por qué sigo teniendo este pensamiento horrible? ¿Y si estoy cometiendo el pecado imperdonable al no poder detenerlo?*

Nia tiene temores incontrolables respecto a su salud. Cada síntoma le parecen una señal de que podría morir. Por las noches, se la pasa acostada en la cama, preguntándose: *¿Y si es cáncer?*

Tal vez tengo ELA. Este sarpullido en mi brazo no puede no ser nada.

Aunque el contenido de los pensamientos de Brian, de Marquis, de Jin y de Nia es diferente, sus pensamientos tienen algunas cosas en común. Son intrusivos. Son angustiantes. Y parecen imposibles de evitar.

¿QUÉ SON LOS PENSAMIENTOS INTRUSIVOS?

Los pensamientos intrusivos son pensamientos desconcertantes que aparecen de la nada. Para algunos, el contenido de estos pensamientos es desconcertante o sorpresivo. *¿Atropellé a alguien con mi auto anoche? ¿Y si lastimo a mi hijo?* Para otros, estos pensamientos son temores comunes que vuelven excesivos o que comienzan a repetirse sin control. *¿Apagué la estufa? ¿Este dolor en mi estómago significa que tengo cáncer? ¿Y si no soy cristiano?*

Algunos pensamientos intrusivos son angustiantes sencillamente por la manera en que nos hacen sentir. *Debo enderezar estos cojines o no me sentiré bien.* Otros pensamientos intrusivos son angustiantes porque implican temas altamente sensibles o moralmente repugnantes. *¿Y si acoso a mi sobrina?* Los pensamientos intrusivos a menudo nos parecen vergonzosos o demasiado increíbles como para admitir. Pueden incluir imágenes gráficas de violencia o de sexualidad o implicar asuntos de identidad tal como el temor a ser transgénero. Pueden implicar temores de hacer algo inapropiado, como gritarle groserías a una multitud o cometer algún crimen, como empujar a alguien delante de un tren en movimiento.

Yo misma he sufrido pensamientos intrusivos en varias ocasiones. La ocasión más notable fue después de que una persona me compartió detalles del trauma que había sufrido. Después de esa conversación, imágenes intrusivas de un trauma similar sucediéndome a mí surgieron en mi mente de la nada. Fue perturbador y angustiante. Los pensamientos persistieron durante varios meses hasta que, menguando poco a poco hasta que por fin desaparecieron.

Para los cristianos, los pensamientos intrusivos pueden tomar un tono religioso. Las personas que batallan con este tipo de pensamiento intrusivo —a menudo llamado escrupulosidad— experimentan dudas y miedos extremos relacionados con sus creencias sobre Dios, la fe y las Escrituras. Estos pensamientos pueden incluir:

- dudas de que en verdad son salvos;
- temores en cuanto a pecados específicos, como el miedo a cometer un pecado imperdonable o a contristar al Espíritu Santo, o bien una preocupación constante respecto a la pecaminosidad de algún pensamiento o acto;
- pensamientos intrusivos relacionados con la blasfemia o con hacer enojar a Dios;
- miedos relacionados con pasajes específicos de las Escrituras que hablan del juicio, del infierno o de algún otro tema difícil.

Para algunos, los pensamientos intrusivos aparecen solo unas pocas veces o se disipan en unos cuantos meses. Para otros, se convierten en ciclos altamente angustiantes que empeoran con el tiempo y que les parece imposible escapar. En su forma más angustiante, estos pensamientos pueden ser diagnosticados como trastorno obsesivo compulsivo (TOC). Para aquellos que experimentan TOC, los pensamientos intrusivos persistentes, llamados obsesiones, están acompañados por comportamientos llamados compulsiones, los cuales las personas usan para apaciguar temporalmente su ansiedad.*

---

* Una persona es diagnosticada con trastorno obsesivo compulsivo cuando experimenta una variedad de síntomas que incluyen pensamiento obsesivo o intrusivo y comportamientos compulsivos que

¿POR QUÉ SE VUELVEN OBSESIVOS LOS PENSAMIENTOS INTRUSIVOS?

Los pensamientos intrusivos indeseados son comunes. Entre el 80 % y el 94 % de las personas los experimentan.[1] Yo los he experimentado y es probable que tú también. Entonces, ¿por qué se convierten los pensamientos intrusivos en patrones atormentadores y obsesivos para algunos de nosotros y se disipan para otros? Esto tiene que ver con cómo *respondemos* a ellos. Al considerar algunas de las respuestas a los pensamientos intrusivos que los hacen persistir, ve si puedes identificarte. De otra forma, analiza si estas descripciones te ayudan a entender mejor a alguien que conoces.

Atribuirle una gran importancia a los pensamientos intrusivos

Cuando Brian tuvo el pensamiento de apuñalar a su hija, de inmediato comenzó a imaginarse que esto representaba algo crucial sobre su fe, su identidad y su capacidad para criar a su niña de forma segura. *Soy una persona terrible. ¿Qué me pasa? No debería volver a estar solo con ella jamás.* Permitió que un pensamiento pasajero tuviera un significado mucho más grande del que tenía en realidad. También temió que el solo pensarlo implicara que era verdad y que era probable que lo llevara a cabo.

Considera a otra persona, Lydia, que tuvo el mismo pensamiento pero respondió diferente. Ella se imaginó apuñalando a su hija y, de inmediato, descartó la idea como algo extraño. *Vaya, qué raro. Es obvio que nunca lo haría. De seguro estoy viendo*

---

resultan angustiantes, que le consumen una cantidad notable de tiempo y que comienzan a interferir con su vida diaria. Muchas personas experimentan pensamientos intrusivos sin ser diagnosticados con TOC. Algunos experimentan compulsiones menores sin tener TOC. TOC es sencillamente una descripción de una experiencia humana común en su forma más grave.

demasiados episodios de CSI. De forma instantánea, supo que el pensamiento no representaba un deseo de lastimar a su niña y que no significaba que ella fuera una madre peligrosa. Ella supo que los pensamientos no son iguales a las creencias, y tampoco llevan a las acciones o a las intenciones. Los pensamientos no siempre son verdad. Ella dejó ir la idea y continuó con su día.

¿Tiendes a responder a los pensamientos intrusivos como Brian o como Lydia? Atribuirles demasiada importancia a los pensamientos a menudo es lo que los hace «angustiantes y adhesivos».[2] Una señal de que podrías estarles atribuyendo un significado excesivo a estos pensamientos de formas dañinas es si algunos de los pensamientos que experimentas parecen molestarte más que a otras personas. ¿Te quedas atrapado con pensamientos que otros, como Lydia, descartan con facilidad?

Usando el lente equivocado para evaluar pensamientos intrusivos

El lente que usamos para evaluar un pensamiento juega un papel vital en determinar si descartaremos un pensamiento como insignificante o si le atribuiremos demasiada importancia. Las personas que caen en patrones de escrupulosidad u otras formas de pensamiento intrusivo a menudo evalúan sus pensamientos con «ideas distorsionadas de Dios, de sí mismos y de la vida cristiana que sensibilizan de forma excesiva la conciencia y exageran la importancia del pensamiento».[3]

Estas ideas distorsionadas pueden tomar varias formas. Las personas que luchan con pensamientos intrusivos a menudo se obsesionan con el pecado y se olvidan del amor y de la misericordia de Dios. Puede que se sientan intolerantes a la incertidumbre o reacios a aceptar el misterio en su vida. Con frecuencia, confunden el sufrimiento y la debilidad con pecado y se sienten cargados por la necesidad de saber con absoluta certeza si un pensamiento es pecaminoso o no. Lo que quieren es conectar todos los puntos de las Escrituras de forma perfecta para que todos sus detalles tengan sentido. Es común que las personas con pensamientos intrusivos evalúen las doctrinas bíblicas fuera de contexto y del marco de referencia del evangelio. El nivel de amenaza percibido de sus pensamientos crece de manera exponencial a medida que temen que un patrón mental sin resolver significa que están viviendo en pecado sin arrepentimiento o que podrían irse al infierno si no pueden detenerlo.

¿Te identificas con esto? ¿O puedes descansar en lo que Dios ha hecho por ti y en lo que las Escrituras dicen de ti?

Luchando contra los pensamientos intrusivos

Si sí te identificas con esto y sí evalúas tus pensamientos a través de un lente distorsionado, entonces es probable que te sientas amenazado por tus pensamientos. Si te sientes amenazado por ellos, es probable que también te den miedo. Así que luchas en contra de ellos, haciendo todo a tu alcance por alejarlos y eliminarlos.

Hasta podrías intentar hacerlo con los consejos que di antes en este libro. Cuando hablé de las ideas pecaminosas, mencioné que hay momentos en que debemos escoger no ir allí. Tal vez, has estado intentando poner esto en práctica. Un pensamiento intrusivo entra a tu mente, y tú intentas alejarte de él en tu mente. Te resistes al pensamiento, pero tal vez has descubierto que, mientras más te resiste, más fuerte se vuelve el pensamiento y más a menudo regresa.

Los pensamientos intrusivos difieren de otros tipos de pensamientos que típicamente responden bien a esta estrategia. Pero ¿cómo? ¿Qué tienen que evita que funcione esta estrategia? Una diferencia tiene que ver con la forma en que los pensamientos intrusivos funcionan en la fisiología de nuestro cerebro, un tema importante que trataremos en un momento. Otra razón por la que alejarlos no funciona es porque suprimir un pensamiento puede tener un efecto de rebote. ¿Recuerdas al tigre rosado? Aléjalo, y tu mente finalmente se verá atraída de nuevo a él.

Este efecto se magnifica cuando un pensamiento implica temas altamente sensibles.

Respondiendo a los pensamientos intrusivos con impulsos compulsivos

Cuando los pensamientos se vuelven angustiantes, tal vez por causa de las respuestas a ellos que hemos mencionado hasta aquí, muchas personas se sienten atraídas hacia comportamientos, impulsos y acciones repetitivas que les ayuden a apaciguar su angustia. Puede que eviten a las personas o los lugares que les recuerdan los pensamientos indeseados o que caigan en patrones como revisar de nuevo si apagaron la estufa o si no atropellaron a nadie con el auto. Algunos se lavan las manos para apaciguar la ansiedad que tienen ante los gérmenes o enderezan y organizan todo a su alrededor de forma compulsiva para apaciguar la ansiedad que sienten cuando su entorno no les parece adecuado. Otras veces, las compulsiones pueden tomar la forma de actos mentales, como decir en voz baja una palabra o repetir una oración en respuesta a un pensamiento intrusivo.

En el caso de la escrupulosidad, es común que las personas eviten o se obsesionen con algún pasaje de las Escrituras o que confiesen sus pecados una y otra vez. Otras personas buscan compulsivamente el consuelo en las Escrituras, en la oración o de parte de otros.

¿Qué impulso sientes cuando aparece un pensamiento intrusivo? ¿Hacia qué comportamientos te sientes atraído? ¿Qué actos mentales realizas? Te animo a considerar estas preguntas, incluso si no has sido diagnosticado con TOC. Tómate unos minutos para anotar una lista de pensamientos y acciones compulsivas que hayas tenido el impulso de llevar a cabo en respuesta a pensamientos intrusivos. Piensa con cuidado. Muchas personas experimentan compulsiones —en especial compulsiones mentales— de las que no están conscientes.

Obedecer una compulsión normalmente otorga una sensación temporal de alivio. Por un momento, la persona se siente mejor porque ha evitado una consecuencia temida o neutralizado de forma momentánea un miedo irracional. Sin embargo, mientras más la persona ceda a llevar a cabo sus compulsiones, más sus acciones colocan al pensamiento intrusivo como una amenaza o como algo que tiene demasiada importancia en su mente. Esto le brinda una validación que refuerza el patrón mental intrusivo.

UNA TÉCNICA DIFERENTE PARA LOS PENSAMIENTOS INTRUSIVOS

Existe un factor adicional que debemos tratar cuando buscamos entender por qué los pensamientos intrusivos a veces se convierten en patrones obsesivos. Los pensamientos intrusivos pueden persistir también por cambios fisiológicos en el cerebro.

Estos cambios son más evidentes en personas que experimentan las formas más graves de pensamientos intrusivos. Los escaneos cerebrales de personas con TOC son diferentes a los de la persona común. Por ejemplo, los ganglios basales, los cuales «coordinan no solo los movimientos, sino también la consciencia que tenemos de nuestros pensamientos», se iluminan de forma anormal.[4] Áreas del cerebro que participan en el procesamiento de errores están demasiado activas, mientras que áreas que participan en el control de inhibiciones y de restringir comportamientos habituales están más apagadas.[5]

¿Representan estos escaneos cerebrales problemas físicos que llevan a los pensamientos intrusivos? ¿O es que una fijación en estos pensamientos produce con el tiempo anormalidades en el cerebro? Es difícil saberlo a ciencia cierta, y es probable que la respuesta incluya algo de ambas cosas. Los investigadores han teorizado que algunas personas que luchan con el pensamiento intrusivo nacen con una «vulnerabilidad heredada» a desarrollar estos patrones mentales.[6] También es evidente en los estudios sobre la plasticidad neuronal del cerebro humano que mientras más se enfoca una persona en estos pensamientos intrusivos, más se fijan estos patrones en la fisiología de la persona.[7]

Aunque debatamos qué causa los pensamientos intrusivos, el resultado de experimentar patrones de pensamientos intrusivos durante largos periodos de tiempo es este: los patrones de pensamiento intrusivo de una persona terminan siendo influenciados por redes neuronales desordenadas y altamente arraigadas en su cerebro. Aunque, en general, es cierto que nuestros pensamientos revelan nuestro corazón, nuestra fisiología también tiene un papel vital en formar esta categoría de pensamiento. Como Michael Emlet ha dicho, los pensamientos intrusivos «pueden ser más un fenómeno espontáneo en el cerebro (como resultado de la ruptura general que experimentamos después de la caída) y no tanto una elección cognitiva, una meditación verdadera del corazón».[8]

Los pensamientos intrusivos a menudo son señal de una debilidad física, no de un fracaso espiritual. En declarar esto, debemos distinguir entre los pensamientos intrusivos de la persona como tales y las creencias problemáticas o las cosmovisiones distorsionadas que *resultaron* en esos pensamientos. Estas cosmovisiones a menudo sí representan asuntos del corazón que deben ser tratados con las muchas otras estrategias de este libro. Sin embargo, los pensamientos intrusivos en sí son mucho menos importantes de lo que nos parece. El que pienses un pensamiento no significa que lo desees o que sea factible que lo lleves a cabo. El que se te cruce por la mente un pensamiento no significa que sea cierto o si quiera que tú lo creas. Es solo un pensamiento. Lo puedes descartar como tal.

Dada la manera en que los pensamientos intrusivos se arraigan en el cerebro de una persona, intentar ponerlos en cautiverio al obligarlos a irse será una empresa inútil. De hecho, es probable que empeore las cosas. Recuerda que estos pensamientos difieren de otros tipos de pensamientos y requieren una técnica totalmente distinta a las estrategias que hemos explorado en este libro.

Mi meta en este libro no es ofrecerte la totalidad de la nueva técnica que necesitarás para lidiar con tus pensamientos intrusivos. En cambio, quiero darte unas pocas estrategias e ideas iniciales para que arranques en la dirección correcta. Puedes comenzar el proceso de encontrar descanso al 1) descartar tus pensamientos, 2) resistir tus compulsiones, 3) descansar en Dios y 4) buscar más ayuda.

Estas estrategias pueden ser útiles para pensamientos intrusivos tanto moderados como severos. Usar estas estrategias cuando los pensamientos son moderados, o cuando recién comienzan, puede prevenir que se vuelvan un problema más grande. En casos moderados o tempranos, estas pueden serte útiles de inmediato. Si tu lucha es más grave o prolongada, es más probable que estas estrategias reduzcan la intensidad de tu sufrimiento mientras comienzas el proceso de buscar ayuda adicional.

DESCARTA TUS PENSAMIENTOS

Titulé este capítulo con la primera estrategia porque es la mentalidad general que quiero animarte a cultivar de aquí en adelante. Tu meta es comenzar a descartar tus pensamientos intrusivos y a considerarlos mucho menos importantes de lo que te sientes tentado a pensar. No estás luchando contra una amenaza. Estás descartando lo que no es más que un pensamiento inofensivo.

Puedes comenzar a experimentar descartar tus pensamientos hoy mismo. Cada vez que se te cruce por la mente un pensamiento intrusivo, identifícalo como tal. Di en tu interior: *Este es un pensamiento intrusivo*.[9] Después de identificar a un pensamiento como intrusivo, descártalo al recordarte lo que significa. Por ejemplo, puedes decirte a ti mismo algo así: *No es tan poderoso ni importante como me parece. No es mi identidad. No me define. Es probable que esté relacionado con algún cambio físico en mi cerebro que estoy intentando corregir.* Intenta desestimar tus pensamientos así cada vez que aparezcan.

Pon en práctica esta estrategia en las siguientes horas o días, y toma nota de qué sucede. Es posible que descartar tus pensamientos reduzca de inmediato tu angustia. También es posible que descubras que esta estrategia es difícil o inadecuada. Por ejemplo, puede que esta estrategia se quede corta si te cuesta saber si un pensamiento es intrusivo o no. Algunas personas necesitan la ayuda de un consejero para lograr hacer esto.

RESISTE TUS COMPULSIONES

Cuando descartas tus pensamientos, tu meta es resistir cualquier compulsión que los acompañe.[10] Si no puedes resistirlas, entonces tu meta es postergarlas tanto como puedas. Cuando experimentas pensamientos intrusivos, en lugar de responder a ellos con las compulsiones que has identificado, solo acepta que los pensamientos están allí y luego descártalos como acabas de aprender. Permíteme ayudarte a practicar.

Cuando estés listo, recuerda algún pensamiento intrusivo. O, si lo prefieres, puedes practicar este ejercicio la siguiente vez que aparezca uno de forma espontánea. Tómate un momento para permitir que el pensamiento sencillamente exista.

Detente para observar

Al lidiar con tu pensamiento, considera la compulsión que te ves tentado a obedecer. Una vez que hayas identificado la compulsión, resístela. En lugar de llevar la compulsión a cabo, observa el pensamiento y acéptalo. Esto será incómodo y eso está bien. Siente la incomodidad y analiza cómo se siente. Si prestas atención, notarás incomodidad o hasta la sensación de dolor en algún punto específico de tu cuerpo. ¿En qué parte sientes esto? ¿A qué se siente? Descríbetela de la mejor manera posible.

Detente para sentir la incomodidad

Toma nota de que puedes soportar la incomodidad. Puede que te resulte doloroso o angustiante, pero no te es algo abrumador. Recuérdate que Dios está contigo cuando la enfrentas. Muchas personas descubren que el impulso de obedecer una compulsión es una curva de campana. Se intensifica, luego se sostiene y, poco a poco, comienza a disiparse. Por más intenso que te parezca el impulso, recuérdate que la incomodidad no durará para siempre. A veces el solo aceptar un pensamiento y notar que puedes soportarlo es suficiente para que el impulso desagradable comience a pasar.

Detente por varios minutos y observa qué le sucede a la incomodidad

Si la incomodidad no se disipa, también está bien. Intenta descansar del pensamiento al dejarlo pasar por tu mente sin aferrarte a él o hacerlo a un lado. Puedes imaginarte que pasa flotando como un globo y que desaparece en el aire o como una hoja flotando en el río. Al ver tu pensamiento pasar flotando, descártalo y reenfoca tu atención en algo más. Sigue intentando resistir a la compulsión, y si no puedes resistirla, intenta postergarla lo más que puedas. Distraerte puede ayudar. Encuentra algo productivo que hacer. Interactúa con las personas a tu alrededor. Deja atrás los pensamientos y las compulsiones al reanudar tu día.

ACUDE A DIOS

Mientras buscas tratar de forma directa con tus pensamientos y compulsiones, te animo a que consideres también cómo tu lucha ha afectado tu fe. Como cristianos, esperamos encontrar consuelo en las Escrituras, en la oración y en la comunidad. Esto no siempre es así para las personas que experimentan pensamientos intrusivos. Para ti, las Escrituras pueden ser una fuente de temor, no de consuelo. La iglesia puede ser el lugar que más a menudo dispara tu pensamiento intrusivo. La oración quizás se ha vuelto un ritual repetitivo que usas para reducir tu estrés, en vez de para conectarte con Dios.

¿Te identificas con este dolor? Si es así, no estás solo y no estás olvidado. Puede que te sientas desconectado de Dios, pero eso no te ha alejado de Su misericordia.

Tómate un momento para acudir a Dios ahora mismo. Evita las confesiones repetitivas y las oraciones compulsivas en las que has caído en el pasado. En cambio, háblale a Dios de tu dolor y tu angustia. Dile cómo tus pensamientos intrusivos te han afectado. ¿Cómo has sufrido? ¿Cómo ha afectado tu sufrimiento tu relación con Él? Acude a Dios y pídele ayuda. Acude a Él en fe, poniendo toda tu confianza en Su amor y en Su misericordia por ti. Puede que te sientas incapaz de enfrentar estos pensamientos en tus propias fuerzas, pero puedes acudir confiado al Dios que ofrece de forma gratuita Su amor y misericordia a todo el que se la pide.

BUSCA MÁS AYUDA

Si te pareció demasiado abrumador o incómodo si quiera intentar tú solo estas estrategias, es perfectamente entendible. Si eso es lo que te sucedió, te sugiero hacer esto en cambio.

Primero, te recomiendo que leas mucho sobre este tema.[11] Las personas a menudo sienten un gran alivio cuando entienden mejor sus pensamientos intrusivos y se dan cuenta de lo comunes que son.

Segundo, presta atención a las decisiones en tu estilo de vida y al contenido que consumes que podrían estar empeorando tus pensamientos. Por ejemplo, es común que los programas de televisión con contenido violento o sexualizado disparen o empeoren los pensamientos intrusivos. Podría ser que te des cuenta de que las noticias empeoran tus patrones de pensamiento intrusivo o de que tus pensamientos intrusivos aumentan durante épocas de alto estrés. Presta atención. Identifica los patrones. Haz los cambios necesarios.

Tercero, te recomiendo que consideres buscar un consejero. Como regla general, es probable que quieras acudir a un consejero cuando 1) tus pensamientos intrusivos te parecen altamente angustiantes, 2) pierdes mucho tiempo y energía intentando lidiar con tus pensamientos intrusivos o con las compulsiones que los acompañan o 3) te das cuenta de que los pensamientos están teniendo un gran impacto en tu capacidad para lidiar con la vida diaria y con tus responsabilidades. Si cualquiera de estas cosas aplica a tu caso, el contenido de este capítulo puede ayudarte a comenzar a sentir algo alivio, pero es probable que no sea suficiente para que encuentres toda la sanidad que podrías experimentar con ayuda profesional.

Si estás buscando un consejero, escoge alguien que cuente con un entrenamiento profesional y considera buscar a alguien que se especialice en TOC. Incluso si no tienes este diagnóstico, los mismos principios que se usan para tratar el TOC también se aplican en general a los patrones de pensamiento intrusivo. Un consejero profesional con la experiencia adecuada puede normalizar tu situación, ayudarte a entender algunos puntos de vista distorsionados que han perpetuado el problema en tu caso personal y enseñarte mejores maneras de responder a tus pensamientos intrusivos.

Si estás batallando, no dudes en pedir ayuda. No debes avergonzarte de necesitar ayuda.

11

MEDICA TUS PENSAMIENTOS

¿Qué historia se te viene a la mente cuando piensas en medicamentos psiquiátricos? Dos personas se me vienen de forma inmediata a la mente: Liam y Ava. Liam tenía depresión grave y fue hospitalizado cuando reveló que tenía ya un plan para suicidarse. Pasó un tiempo en una institución, donde un psiquiatra hizo varios cambios importantes a sus medicamentos. Yo hablé con él unos días después de su hospitalización, y los pensamientos suicidas que lo habían perturbado durante meses habían desaparecido por completo. Se veía, hablaba, pensaba y actuaba como una persona totalmente diferente solo unos cuantos días después de tomar el nuevo medicamento.

Ava, por otro lado, fue diagnosticada con esquizofrenia a los treinta y tantos. Por más de una década, los médicos le prescribieron una gran variedad de antipsicóticos fuertes que le produjeron efectos secundarios graves. El más notable fue un trastorno del movimiento producido por el medicamento, el cual la hacía moverse de atrás adelante en su silla mientras conversábamos.

Un psiquiatra hábil sospechó que Ava había sido mal diagnosticada. Poco a poco, comenzó a quitarle los medicamentos.

Al pasar las semanas, sus efectos secundarios desaparecieron y no mostró señales de psicosis. El psiquiatra determinó que tenía autismo, un problema que comparte algunas de las mismas características clínicas de la esquizofrenia. Los antipsicóticos eran innecesarios, le hicieron muchísimo daño y le impidieron obtener la ayuda que necesitaba. Fue increíble presenciar la transformación de Ava cuando dejó sus medicamentos y volvió a ser ella misma.

EL PELIGRO DE LA HISTORIA ÚNICA

Comparto estas historias porque mis interacciones con Liam y con Ava afectaron profundamente mis opiniones sobre los medicamentos psiquiátricos. Liam es una ilustración poderosa en mi mente de cuán necesarios son los medicamentos para algunos. En ocasiones, me veo tentada a ser demasiado optimista en cuanto a los medicamentos cuando pienso en el gran alivio que le produjeron. Es entonces que me acuerdo de Ava. Ella representa otra poderosa ilustración en mi mente, esta vez de cómo un medicamento puede hacer más daño que bien. A veces, he temido los medicamentos cuando he recordado el tremendo dolor y sufrimiento que le causaron.

La mayoría de las personas han sido afectadas por historias sobre medicamentos psiquiátricos. A menudo, nuestra primera impresión sobre este tema controversial está basada en experiencias de la vida real que escuchamos o que vivimos. ¿Qué historia se te viene a la memoria? Ten en mente esa historia y considera cómo ha moldeado tu perspectiva.

Muchas personas dejan que la evidencia anecdótica tenga la función de la fuerza que más moldea su perspectiva sobre los medicamentos psiquiátricos. Las historias personales son poderosas. Afectan de forma profunda a las personas y pueden llevarlos a creer que la experiencia de una persona será la experiencia de todos. En su famosa charla TED, la novelista Chimamanda Adichie habla sobre «el peligro de la historia única».[1] Ella describe cuán «influenciables» y «vulnerables» son las personas ante las historias. Aunque Adichie dice esto en el contexto de las complejidades culturales y étnicas, su sabiduría es trascendental.

Muchas personas se han formado una historia única respecto a los medicamentos psiquiátricos. Han tenido una experiencia personal significativa con los medicamentos que o las han ayudado o las han dañado. O bien, han escuchado alguna historia de terror o de un milagro en la experiencia de otra persona. A partir de esta historia única, sacan conclusiones generales que a menudo resaltan aquellos casos excepcionales en los que el medicamento produce ya sea una sanidad impresionante o un dolor tremendo.

UNA PERSPECTIVA BALANCEADA

Estas conclusiones, entre otros factores, pueden llevar a las personas a desarrollar «tendencias extremas» cuando evalúan el valor de los medicamentos.[2] Aquellos con tendencias extremas antimedicamentos pueden sentirse incómodos con usar químicos para tratar problemas emocionales o mentales. Enfatizan los muchos efectos secundarios, riesgos y lados negativos de los medicamentos. O quizás afirmen que los medicamentos no son necesarios para los cristianos, quienes hallan todo lo que necesitan en su relación con Cristo. Puede que hasta consideren que los medicamentos psiquiátricos son pecado.

Las personas con tendencias extremas a favor de los medicamentos reaccionan ante esta perspectiva. Puede que minimicen los riegos reales que se asocian con los medicamentos o que piensen que las personas que tienen inquietudes sobre los medicamentos están exagerando. Tienden a prescribir demasiados medicamentos para problemas normales de la vida o a usarlos como soluciones rápidas para situaciones que pueden ser tratadas mejor por otros medios.

En su libro *Descripciones y prescripciones*, Michael Emlet, un médico y consejero, anima a las personas a alejarse de los extremos y a formar una perspectiva más balanceada. No es de sorprender que ambos lados del debate tengan algo de verdad. Aquellos que prefieren ser prudentes al usar medicamentos psiquiátricos tienen buenas razones para sentirse así. De forma similar, aquellos que proclaman los peligros de satanizar los medicamentos psiquiátricos también tienen un punto válido. Los medicamentos no son ni provechosos ni dañinos, sino que tienen el potencial de ser cualquiera de los dos. O ambos al mismo tiempo.

¿DEBES CONSIDERAR TOMAR MEDICAMENTOS PARA TUS PENSAMIENTOS INDESEADOS?

¿Qué hay de tu situación específica? ¿Debes tú tomar medicamentos psiquiátricos? ¿Te beneficiaría o te perjudicaría el medicamento?

Estas son preguntas personales que se deben responder según una evaluación de lo que parezca sabio en tu situación y contexto específicos. Cuando se usan de manera correcta, los medicamentos son una opción fiel a la Biblia para aquellos que experimentan pensamientos indeseados. Las Escrituras no tienen ningún pasaje específico que prohíba u ordene el uso de medicamentos para problemas mentales o emocionales. Basándome en esto, estoy de acuerdo con la evaluación de Charles Hodges de que tomar medicamentos psiquiátricos es una libertad cristiana.[3] Si, después de pensarlo con cuidado, deseas tomar medicamentos, eres libre de hacerlo.

Al mismo tiempo, hay un desacuerdo entre los médicos tanto cristianos como seculares con respecto a la efectividad de los medicamentos para aliviar los síntomas de diferentes problemas mentales y emocionales. En resumen, la efectividad estadística de los medicamentos varía en gran manera dependiendo del tipo de medicamento que se usa, del tipo de problema que se está tratando y de la habilidad del médico para tomar buenas decisiones al momento de prescribir. Tomar medicamentos conlleva riesgos. Puede que ayude y puede que no. Puede que produzca efectos secundarios y puede que no.

Aun así, muchas veces, sí vale la pena el riesgo. A veces, los medicamentos producen un alivio tremendo y pueden contribuir a «alimentar y volver a sincronizar el alma humana con la gloria de Dios».[4] Los medicamentos pueden provocar «cambios biológicos con alcance espiritual».[5] A medida que sus síntomas mejoran, las personas pueden encontrar el espacio para conocerse mejor, conectarse con su comunidad y crecer en su relación con Dios. La adoración, la oración, la meditación y la habilidad de glorificar a Dios mediante actos de servicio a menudo se vuelve más accesible cuando su dolor mental aminora.

Buscar que el medicamento nos vuelva a dirigir hacia la gloria de Dios son una meta y un anhelo dignos. Es un recordatorio para que cada uno de los que enfrentamos esta decisión consideremos cuál es nuestra motivación para tomarla. Si decidieras tomar medicamentos, ¿cuál sería tu motivación? ¿Aceptar el regalo del alivio de parte de Dios? ¿Fomentar tu crecimiento y tu transformación? ¿O estarías buscando adormecer tu dolor, evadir tus problemas y encontrar el camino más rápido al alivio (aunque no necesariamente el que más honra a Dios)?

De igual manera, si decidieras no tomar medicamentos, ¿cuál sería tu motivación? ¿Encontrar alivio por otros medios más apropiados? ¿Lidiar con algún asunto que el medicamento podría enmascarar? ¿O estarías buscando evitar la estigmatización, ocultar tu vergüenza o proteger al ídolo de tu autosuficiencia? Existen maneras pecaminosas de tomar medicamentos psiquiátricos. Existen también maneras pecaminosas de no tomar medicamentos psiquiátricos.

DOS MANERAS DE TOMAR MEDICAMENTOS

Muchas personas se enfrascan en la disyuntiva de si tomar medicamentos es la decisión correcta o no. Sin embargo, yo creo que *la manera* de tomar medicamentos —si es que eliges hacerlo—

es más importante que la decisión misma de tomar o no medicamentos. Para explicar con más detalles este concepto, permíteme presentarte a dos personas que representan dos formas diferentes de considerar los medicamentos psiquiátricos.

1. Enmascar los síntomas e ignorando los problemas subyacentes

Kyle luchaba con ansiedad generalizada y ataques de pánico provocados por una infancia muy complicada. Sus padres eran adictos a la heroína y, cuando Kyle llegó a la edad adulta, él cultivó un resentimiento profundo contra su madre por haberlo descuidado de niño.

Cuando Kyle llegó a los treinta y tantos años, decidió ir a consejería para hablar de sus inquietudes. Al principio, Kyle se sentía muy motivado a hablar de sus problemas. Él quería explorar cómo podría mejorar sus relaciones familiares y perdonar a su madre. Quería considerar cómo su pasado lo estaba afectando en el presente y explorar sus propias fallas en su relación con sus padres.

Unas pocas sesiones después de comenzar con la consejería, Kyle empezó a tomar medicamentos para la ansiedad. De pronto, su entusiasmo en las sesiones decayó por completo. ¿Por qué? ¡El medicamento había funcionado! Ya no se sentía ansioso. Se sentía tranquilo con su madre. Esto no era porque los problemas entre ellos se hubieran solucionado, sino porque los medicamentos lo insensibilizaban a tal punto que ya no se molestaba cuando su madre buscaba agraviarlo o pelearse con él. Ahora que se sentía mejor, ya no tenía el deseo de lidiar con los problemas y las fallas que el medicamento le estaba permitiendo ignorar.

Kyle comenzó a cancelar o a saltarse sus consejerías. A medida que su cuerpo desarrolló una tolerancia al medicamento, comenzó a tomar dosis más altas para suprimir sus síntomas. Su relación con su madre empeoró. Finalmente, Kyle fue despedido de la consejería porque había quebrantado la política de asistencias de la clínica. Terminó mucho peor que cuando comenzó. Los medicamentos le habían dado el alivio que tanto necesitaba, pero al final, esto solo impidió su crecimiento.

2. Crear un contexto para el crecimiento

Compara la experiencia de Kyle con la de Bethany. Bethany sufría de ataques de pánico que duraban días. Durante sus ataques de pánico, ella no podía dormir, trabajar o comer. Los síntomas físicos de la ansiedad consumían su vida.

Cuando Bethany comenzó la consejería, no podía concentrarse. Estaba visiblemente ansiosa, se movía sin parar en la silla y evitaba muchos temas por temor a que le provocaran un ataque de pánico. Por más que quería ayudarla su consejero, y por más que ella quería recibir ayuda, les era imposible avanzar cuando ella no podía sostener una conversación normal.

Un día, Bethany llegó a la sesión de consejería con una calma palpable. Tal como Kyle, había empezado a tomar medicamentos contra la ansiedad, y estaban teniendo un efecto poderoso. Sus ataques de pánico eran menos frecuentes y mucho más cortos. Su ansiedad durante el día había disminuido. Estaba durmiendo, trabajando y comiendo. ¡Qué alivio!

A partir de esa sesión, Bethany se entregó a la consejería. Estableció conexiones entre su pasado traumático y sus acciones presentes. Empezó a asumir la responsabilidad por sus respuestas a otros, cuando antes le había parecido que su ansiedad la controlaba. Se había sentido físicamente incapaz de orar porque su ansiedad le impedía concentrarse, pero ahora clamaba de forma activa a Dios en momentos de angustia.

Antes, no podía ni salir de casa por causa de su ansiedad, ahora estaba pasando los fines de semana fuera: acampando, navegando en kayak o practicando senderismo con sus amigos.

Pasar tiempo en la naturaleza le hacía bien a su cuerpo y su alma, y disminuyó aún más su ansiedad. Ahora que su mente estaba más lúcida, comenzó a usar técnicas de alivio que antes le había sido imposible implementar. Las respiraciones profundas, el ejercicio y la alimentación sana se convirtieron en parte rutinaria de su día.

Cada semana, Bethany tomaba pasos específicos hacia adelante que le hubieran sido imposibles si el medicamento no le hubiera hecho soportable el dolor y creado un contexto para crecer. Con el tiempo, al tomar pasos de bienestar y efectuar diferentes cambios, ella descubrió que necesitaba menos los medicamentos para hacer manejables sus síntomas.

CÓMO TOMAR MEDICAMENTOS

Kyle y Bethany ilustran cómo dos personas pueden tomar medicamentos para el mismo tipo de problema, experimentar el mismo alivio y terminar con dos resultados completamente diferentes. Al final, la diferencia se reduce a dos técnicas opuestas. Kyle usó los medicamentos para evitar sus pensamientos problemáticos. Bethany usó los medicamentos como punto de partida para su crecimiento. Juntos, Bethany y Kyle nos pueden enseñar cuál es la mejor manera de tomar medicamentos.

Toma medicamentos a la par de tu consejería

En general, los medicamentos deben usarse en el contexto de la consejería. Aunque existen excepciones, los medicamentos psiquiátricos deben usarse principalmente por aquellos que también están resolviendo sus problemas en una consejería. Los medicamentos no son una cura. Solo enmascaran los síntomas. La consejería ayuda a descubrir y a tratar esos asuntos de raíz. Incluso si los pensamientos indeseados tienen una causa física, por lo general hay asuntos espirituales o relacionales involucrados con los pensamientos que deben considerarse. Una de las principales razones por las que Kyle no mejoró fue su decisión de desconectarse de la consejería.

Toma medicamentos para ayudarte a conectarte con Dios

Antes de los medicamentos, la ansiedad de Bethany limitaba su habilidad para concentrarse. Había tantos pensamientos agobiando su mente que se sentía incapaz de orar. Después de tomar medicamentos, habló con Dios activamente cuando se angustiaba. Lo mismo se aplica a la capacidad de una persona para leer las Escrituras y conectarse con ellas.

Toma medicamentos para ayudarte a conectarte con las personas

Uno de los peores errores que Kyle cometió fue usar el medicamento para desconectarse de su madre. Antes de los medicamentos, Kyle se sentía obligado a interactuar con su mamá porque las decisiones y palabras de ella lo molestaban. Sus pensamientos incómodos lo instaban a actuar. Sin embargo, cuando el medicamento atenuó sus sentimientos, ya no le importaba y dejó de esforzarse.

En contraste, Bethany descubrió que el medicamento le dio el espacio para pensar sobre sus relaciones con más lucidez. Ya que sus emociones estaban más tranquilas, ella podía ser más objetiva. Ella pudo lidiar con relaciones lastimadas que le habían provocado ataques de pánico. Logró buscar restauración donde antes le había parecido imposible.

Toma medicamentos para ayudarte a profundizar en los problemas subyacentes

Según Kyle, su único problema era su ansiedad. Se sentía ansioso. Punto y aparte. No estaba dispuesto a ver que su ansiedad era solo uno de los problemas en su vida. Además, no estaba consciente de que, aunque su ansiedad era en parte causada por factores físicos, también era síntoma de su respuesta poco sana a los factores estresantes de la vida. Una de las razones por las que no mejoró fue porque no estuvo dispuesto a lidiar con estos otros problemas. Bethany tuvo una perspectiva totalmente diferente. Los medicamentos le ayudaron a hablar de cosas que nunca había podido expresar antes. Utilizó el alivio que experimentó para profundizar y encontrar soluciones a los problemas pasados y presentes de su vida que habían estado empeorando su ansiedad.

Toma medicamentos para ayudarte a lograr cambios prácticos en tu estilo de vida

Los medicamentos pueden ofrecer un sinfín de herramientas para lidiar con la vida que antes no estaban disponibles. Actividades que parecían imposibles se vuelven opciones cuando el medicamento produce un alivio. Los cambios en el estilo de vida como el ejercicio, la alimentación sana, un sueño más prolongado, la socialización y las actividades al aire libre pueden afectar de forma positiva los pensamientos indeseados. Cuando Bethany comenzó a hacer estas cosas, comenzó a obtener más control sobre su ansiedad por medios naturales. Gracias a esto y a otras cosas que estaba haciendo, pudo disminuir con el tiempo la cantidad de medicamentos que tomaba.

Toma medicamentos para conseguir alivio y normalidad

A veces, se debe usar un medicamento sencillamente para aliviar el sufrimiento. A veces, no hace falta otra razón. En ocasiones, las personas sufren síntomas graves durante años sin un solo momento de descanso. Cuando por fin les recetan el medicamento correcto, ¡funciona! Sus síntomas disminuyen y su condición mejora. ¡Qué recordatorio respecto a la preocupación de Dios por nuestro sufrimiento y Su obra por medio de los medicamentos para aliviarlo! Cuando Jesús vio las multitudes de enfermos y de discapacitados a Su alrededor, tuvo compasión de ellas y alivió su dolor (cf. Mt 4:14). A Jesús le importa cuando Sus hijos están sufriendo. Él se preocupa cuando pasas dolor.

UN BREVE CUESTIONARIO PARA GUIAR TUS DECISIONES RESPECTO A LOS MEDICAMENTOS

El siguiente cuestionario puede ayudarte a considerar algunos de los factores más pertinentes en cuanto a la decisión de si tomar o no medicamentos.

Considera la duración, la constancia y la intensidad de tus pensamientos indeseados

- ¿Durante cuántas semanas, meses o años has sufrido pensamientos indeseados?
- ¿Cuán constantes son tus pensamientos a lo largo del día?
- En una escala del 1 al 10, ¿cuánta angustia te provocan tus pensamientos indeseados?
- ¿Hasta qué punto afectan tus pensamientos tu capacidad para completar tareas diarias?
- ¿Hasta qué punto afectan tus pensamientos tus relaciones?

Mientras más grave sea la lucha, es más probable que el medicamento sea una buena opción.

Considera tu propia seguridad y la de otros

- ¿Has pensado en hacerte daño? Si sí, ¿has puesto en marcha estas intenciones?
- ¿Has pensado en suicidarte? ¿Has elaborado un plan de suicidio?
- ¿Estás fuertemente angustiado y tienes un historial de intentos de suicidio?

- ¿Te imaginas actos de violencia hacia otros?
- ¿Tus pensamientos hacen que tiendas más a provocar algún daño emocional, espiritual, mental o físico a las personas a tu alrededor?

Mientras más peligro represente tu lucha para ti mismo y para otros, más probable es que el medicamento sea una buena opción.

Considera cómo el medicamento podría sincronizarte con o desviarte de la gloria de Dios

- Si tus síntomas mejoraran, ¿incrementaría o disminuiría tu capacidad para adorar a Dios?
- ¿Incrementaría o disminuiría tu capacidad para orar, leer las Escrituras y practicar otras disciplinas espirituales?
- ¿Incrementaría o disminuiría tu capacidad para crecer en fe y en servicio hacia otros?

Mientras más beneficie tu fe el alivio de tus síntomas, más probable es que el medicamento sea una buena opción.

Considera las posibles causas y consecuencias físicas de tu lucha

- ¿Has recibido un diagnóstico médico como demencia que esté contribuyendo a tus pensamientos indeseados?
- ¿Has recibido algún diagnóstico clínico de salud mental como esquizofrenia que esté contribuyendo a tus pensamientos indeseados?
- ¿Tienes un historial de pensamientos similares en tu familia inmediata o extendida que pudiera sugerir algún componente genético?

Mientras más físicos sean los síntomas y la causa de tu problema, más probable es que el medicamento sea una buena opción.

Considera qué otros pasos podrías dar además de medicarte

- ¿Planeas continuar con la consejería mientras tomas medicamentos?
- ¿Estás comprometido con leer la Palabra de Dios, con orar y con practicar otras disciplinas espirituales?
- ¿Tienes la intención de esforzarte por mejorar tus relaciones?
- ¿Estás dedicado al proceso de explorar con más profundidad los problemas subyacentes de tu vida que podrían estar contribuyendo a tus pensamientos indeseados?
- ¿Estás abierto a hacer otros cambios prácticos en tu estilo de vida?

Mientras más puedas responder con honestidad que sí a estas preguntas, más probable es que el medicamento sea una buena opción.

TOMAR MEDICAMENTOS NO EQUIVALE NI A DEBILIDAD NI A FALTA DE FE

Puede ser que los medicamentos no sean la mejor opción para ti. No es la mejor opción para todos. También es posible los medicamentos pudieran ser una pieza importante del rompecabezas de tus esfuerzos por transformar tus pensamientos.

Si se usan con sabiduría, los medicamentos pueden ser un regalo de Dios que le permiten a la gente oírlo, verlo y responder a Él con más claridad. Los medicamentos pueden incrementar nuestra capacidad para funcionar, lo cual a su vez incrementa nuestra habilidad para servir, adorar y vivir una vida de fe activa.

Cuando se alivia el sufrimiento, las personas están mejor equipadas para orar, leer la Biblia y recibir ayuda de los demás. Pueden pensar más lógicamente, confiar en Dios más cuando la vida es incierta y procesar mejor los problemas profundos del corazón que rodean y subyacen cualquier diagnóstico mental que estén experimentando.

Si decides tomar medicamentos, sigue adelante con audacia. Tomar medicamentos no equivale ni a debilidad ni a falta de fe. Dios puede usar el medicamento para aliviar tus síntomas y reorientarte hacia Él. Si otros han intentado hacerte sentir vergüenza sobre tomar medicamentos o convencerte de que es antibíblico, puedes hacer a un lado su opinión. Recibe esta buena dádiva. Tomar medicamentos puede ser algo recto y agradable a Dios si lo buscas a Él en todo este proceso.

12

SÉ REALISTA CON TUS PENSAMIENTOS

Al aproximarnos al final de este libro, tómate un tiempo para reflexionar. ¿Qué estrategias te han sido útiles? ¿Qué estrategias no parecieron funcionarte? ¿De qué formas has mejorado y en qué áreas sigues sintiéndote estancado?

Tal vez, estas páginas te han brindado una gran ayuda. O, quizás, no lo han hecho. Es posible que tus pensamientos te parezcan tan indeseados y persistentes como cuando comenzaste y que todo tu esfuerzo no los haya mermado.

Si no has experimentado cambios, es entendible si te sientes confundido, avergonzado y agotado. Podría parecer que deberías sentirte mejor a estas alturas. ¿Qué debemos hacer con aquellas veces en que nuestros pensamientos indeseados no se van?

ALGUNOS PENSAMIENTOS INDESEADOS PERMANECEN

Hay una suposición común en algunos círculos cristianos de que los pensamientos indeseados siempre se darán por vencidos si somos lo suficientemente fieles, lo intentamos con las suficientes ganas y confiamos en Dios lo suficiente. Esta suposición puede parecer alentadora y bíblica a primera vista. Tenemos, justamente, grandes expectativas de cambio. Queremos ser responsables y hacer todo lo posible por renovar nuestra mente. Queremos enfatizar que Dios es un sanador misericordioso y poderoso y creer que puede hacer milagros. Es sabio y amoroso de nuestra parte tener altas expectativas de recibir alivio de nuestros pensamientos indeseados. Sin embargo, debemos reconocer y explicar aquellas ocasiones en las que el alivio no viene.

Cuando los pensamientos indeseados permanecen, las personas a menudo sienten la presión de sus familiares y amigos que piensan que ya deberían haber mejorado. En ocasiones, esta presión externa no es nada en comparación con la presión que las personas se imponen en sí mismas. Cuando la lucha por la transformación es larga e infructuosa, a menudo nos lleva a la desesperanza y a la vergüenza. El sufrimiento incrementa de forma exponencial cuando las personas comienzan a disgustarse consigo mismas o a culparse por no mejorar.

Si puedes identificarte con esto, escucha con atención. Si tu lucha contra los pensamientos indeseados no cede, esto no indica una falta de fe o de confianza. No significa que eres un mal cristiano o que sencillamente tienes que echarle más ganas.

Los pensamientos que parecen no responder a tus esfuerzos por transformarlos a menudo implican factores extenuantes que deben resolverse. A menudo, están relacionados con la depresión, la ansiedad o las fluctuaciones del estado de ánimo. Si un médico considerara estos síntomas, podría darte un diagnóstico como trastorno de pánico, trastorno depresivo mayor, trastorno bipolar, trastorno obsesivo compulsivo o esquizofrenia. A menudo, existen componentes físicos en estos trastornos que deben tratarse. En ocasiones, los pensamientos persistentes se desprenden de un abuso en la infancia, persisten después de una crisis o trauma o se complican por problemas físicos de salud. Otras veces, estos pensamientos duraderos son respuestas apropiadas a circunstancias crónicas de dificultad en la vida o aparecen en el contexto de una guerra espiritual. Si alguna de estas situaciones te describe, es probable que necesites la ayuda de un consejero en el proceso de transformar tus pensamientos.

Dios puede sanar nuestra mente, pero no siempre escoge hacerlo. Él no siempre nos da el alivio de nuestros pensamientos. Algunos pensamientos indeseados perduran mucho más de lo que creemos que deberían.

PENSAMIENTOS INDESEADOS RESPECTO A TUS PENSAMIENTOS INDESEADOS

Algunos pensamientos indeseados se convierten en una espina en la carne (cf. 2 Co 12:7-10). Le rogamos a Dios que los quite, pero, en cambio, Él nos invita a encontrar fuerza en nuestra debilidad y a buscarlo en nuestro sufrimiento. Él nos invita a experimentar Su amor por nosotros, incluso cuando los pensamientos permanecen. Demasiado a menudo, sin embargo, nos regañamos a nosotros mismos. En lugar de descansar en el Dios que está con nosotros y por nosotros, comenzamos a generar pensamientos indeseados respecto a nuestros pensamientos indeseados.

A menudo, estos pensamientos secundarios giran en torno a nuestra identidad. Comenzamos a preocuparnos de quiénes somos y de lo que los pensamientos irresolutos dicen sobre nosotros. *Otras personas pueden lidiar con la vida mucho mejor que yo. ¿Qué me pasa? ¿Por qué no puedo lidiar con esto? Soy un fracaso.*

En otras ocasiones, nuestros pensamientos secundarios se vuelven pensamientos enfocados en Dios. Comenzamos a cuestionar Su carácter y a dudar de Su cuidado por nosotros en nuestro sufrimiento. Nos vemos tentados a tener «pensamientos endurecidos» contra Dios que, irónicamente, resultan más problemáticos que nuestros patrones mentales originales.[1] En mi propia lucha a lo largo de los años, mis pensamientos se han llegado a endurecer contra Dios. He cuestionado Su amor y Su misericordia. He dudado que sepa lo que más me conviene. *¿Me ama Dios? ¿Acaso le importo? ¿Por qué me odia?*

Algunas veces, nuestros esfuerzos por cambiar deben enfocarse en estos pensamientos secundarios que nos consumen. Puede que no seamos capaces de deshacernos de la depresión, pero podemos permitir que Dios nos ame en medio de la tristeza, la insensibilidad y la incertidumbre. Quizás no siempre podremos detener el pánico, pero podemos creer que Dios está con nosotros incluso cuando tenemos miedo. Puede ser que no logremos deshacernos por completo de un patrón mental indeseado, pero siempre podemos invitar a Dios a acompañarnos en nuestro dolor.

UNA MEDITACIÓN GUIADA PARA SENTARTE CON TUS PENSAMIENTOS

¿Te puedo dar un consejo para aquellas ocasiones cuando tus pensamientos indeseados persisten y no sabes por qué? Siéntate con ellos. Obsérvalos.[*] No te apresures a transformarlos. No es posible mejorar motivado por la vergüenza. Cuando te sientes con tus pensamientos, invita a Dios a acompañarte. Descansa en el Dios que está contigo y por ti. Él no te condena por tu lucha ni te apresura a salir de tu dolor.

Prepárate para una última meditación guiada. Ponte cómodo. Inhala profundo. Exhala lentamente, sintiendo que tus hombros se acomodan, que tu rostro se afloja y que tu cuerpo se relaja. Bájate del tren de tus pensamientos y obsérvalos desde afuera.

Recuerda aquellos pensamientos que no se dan por vencidos. Puede que estén relacionados con una situación crónica difícil. O tal vez ni siquiera sepas de dónde vienen. De cualquier ma-

---

[*] Puede que esto no sea apropiado para los pensamientos relacionados con un trauma. Si esto describe tu situación, regresa al capítulo 9, donde encontrarás otras estrategias más apropiadas.

nera, explóralos. Permítete pensar los pensamientos sin reservas. No intentes ni cambiarlos ni resistirlos. Cierra tus ojos y, sencillamente, toma nota de Su presencia. Puedes visualizar a cada uno de ellos como una nube que pasa o una hoja que flota río abajo.

Detente para reflexionar

Al observar estos pensamientos, pregúntate cómo te sientes al respecto. ¿Cómo te hace sentir el hecho de que han permanecido? Despierta tu curiosidad. ¿Sientes enojo, decepción o vergüenza? ¿Sientes tristeza, angustia o temor? Nombra a cada emoción. Observa cada emoción a medida que aparece, sin intentar ni aferrarte a ella ni alejarla.

Detente para reflexionar

Ten en mente que Dios está contigo cuando observas tus pensamientos. Invítalo a sentarse contigo. ¿Qué sientes al saber que Él está cerca, mirando tus pensamientos contigo?

Detente para reflexionar

Imagina que Dios se dirige a ti y te ve en tu sufrimiento. Incluso si solo lo puedes logar por un momento, permítete verte como Dios te ve. «Como se regocija el esposo por la esposa, tu Dios se regocijará por ti» (Is 62:5). Él se complace en ti (cf. Sal 147:11, RVR1960). Él se deleita en ti (cf. Sal 149:4). Él guarda silencio en Su amor y se regocija por ti con cantos de júbilo (cf. Sof 3:17). Descansa por un momento y cree que esto es cierto.

Detente para reflexionar

Debes estar quieto y saber que Él es Dios. Sencillamente, descansa. Relaja tu cuerpo y acalla tu mente en la seguridad de

Su presencia. Inhala y exhala lentamente. Relaja tus hombros. Afloja tu rostro. Suelta tus manos. «Donde está el Espíritu del Señor, hay libertad» (2 Co 3:17). Siente esta libertad. Tus pensamientos no te definen. Eres amado por un Dios misericordioso y santo.

RECONOCIMIENTOS

A lo largo de los años, muchas personas me han confiado sus pensamientos indeseados más íntimos. Me han ofrecido su historia y enseñado cómo esforzarnos con valentía para alcanzar una mente apacible. Muchas de las estrategias e ideas en este libro tomaron forma al estar sentada con personas que me permitieron participar en el proceso de desenmarañar sus pensamientos. A esas personas, gracias por enseñarme sobre los pensamientos e invitarme a formar parte de su historia.

Nunca hubiera puesto estas ideas en papel de no ser por la invitación de mi amiga Manda a ser oradora en una conferencia de mujeres sobre el tema de poner todo pensamiento en cautiverio. Manda, estoy agradecida por la invitación. Gracias también por ser la primera persona en darme retroalimentación de la primera versión de este manuscrito.

De principio a fin, este libro fue posible gracias a aquellos que me invitaron a explorar mis ideas más a fondo. Dave, gracias por ofrecerme el espacio para hablar sobre este libro antes de que fuera una idea plenamente formada y por tu guía para convertirlo en realidad. Amanda y Aaron, su retroalimentación y edición le brindaron mejoras que jamás hubiera logrado por mi cuenta.

Muchos amigos tuvieron la gentileza de darme retroalimentación valiosa durante todo el proceso de redacción. Tiana y Bethany, gracias por sus comentarios sobre los primeros capítulos del manuscrito. David, gracias por recordarme cuán importante es concentrarse en las cosas buenas de nuestros pensamientos y por animarme a ser vulnerable. Jess, estoy tan agradecida por tus palabras de ánimo en el proceso de redacción y por ayudarme a escoger mis términos con cuidado. Gracias a Minor, a Melissa, a Carol y a Virginia por practicar conmigo las estrategias y meditaciones y por darme sugerencias para su mejoría.

Muchos capítulos individuales fueron formados y perfeccionados gracias a expertos que me dieron su opinión. Jeff, gracias por poner a mi disposición tu conocimiento enciclopédico de recursos y por dialogar conmigo sobre lo que significa poner todo pensamiento en cautiverio. A mi hermana, Sarah, gracias por tu útil retroalimentación sobre nuestros pensamientos y nuestro cuerpo. Eliza, gracias por brindarme tu revisión de experta del capítulo sobre el trauma.

Finalmente, gracias a mi esposo, Ian, por idear el título de este libro. ¡Estoy agradecida por tu ayuda a formular ideas y por tu apoyo constante!

NOTAS AL FINAL

INTRODUCCIÓN: UNA MENTE INQUIETA Y RIUDOSA

1. Richard J. Foster, *Celebration of Discipline: The Path to Spiritual Growth* (*Celebracion de la disciplina: Hacia una vida espiritual mas profunda*), ed. especial de aniversario (San Francisco: HarperOne, 2018), cap. 1, Kindle.

CAPÍTULO 1: CONOCE TUS PENSAMIENTOS

1. J. Alasdair Groves y Winston T. Smith, *Untangling Emotions* (*Desenredando las emociones*) (Wheaton, IL: Crossway, 2019), 93.
2. Gracias a mi editora Amanda Martin por darme esta ilustración.
3. Esta es una estrategia de concientización formulada por Shinzen Young que puede ser útil para fortalecer tu capacidad para observar tus pensamientos. Puedes encontrarla en inglés en la aplicación Calm, disponible para Android y iOS (13.0 o posterior), en la meditación titulada «Untangling Physical Pain» (Desenredando el dolor físico).
4. Hannah Anderson, *All That's Good: Recovering the Lost Art of Discernment* (Todo lo bueno: recuperando el

arte perdida del discernimiento) (Chicago: Moody, 2018), 30.
5. J. I. Packer, *A Quest for Godliness* (*En pos de los puritanos y su piedad*) (Wheaton, IL: Crossway, 1990), 126, citado en Dane Ortlund, *Gentle and Lowly: The Heart of Christ for Sinners and Sufferers* (*Manso y humilde: el corazón de Cristo para los pecadores y heridos*) (Wheaton, IL: Crossway, 2020), cap. 2, Kindle.
6. Cf. Eliza Huie, «Counseling Conversations | Thoughts», McLean Bible Church, 17 de febrero, 2021, video, 3:50, https://mcleanbible.org/tysons/counseling-conversations/.
7. La primera vez que llevé este tipo de diario fue después de leer el libro de Julia Cameron, *The Artist's Way: A Spiritual Path to Higher Creativity* (*El camino del artista: Un curso de descubrimiento y rescate de tu propia creatividad*), ed. 25 aniversario (Nueva York: TarcherPerigee, 2016). Ella las llama «páginas matutinas» y sugiere completarlas todos los días, a primera hora de la mañana. Hacer de esto una práctica constante, como ella lo sugiere, es una excelente manera de concientizarte más respecto a tus patrones de pensamiento.

CAPÍTULO 2: ORA TUS PENSAMIENTOS

1. David Powlison, prólogo de *Una vida de oración: Conectándose con Dios en un mundo lleno de distracciones,* de Paul E. Miller, trad. Mayra Ramírez de Urízar (EUA: Tyndale House Publishers, 2015), XII.
2. Timothy Keller le atribuye esta cita a Derek Kidner en «Praying Our Tears» (Orando nuestras lágrimas) (sermón, Redeemer Presbyterian Church, Nueva York, NY,

27 de febrero del 2000), disponible en línea en https://www.youtube.com/watch?v=DxOWWWVDGD0.
3. Cf. David G. Benner, *The Gift of Being Yourself: The Sacred Call to Self-Discovery* (*El don de ser tú mismo: autoconocimimento como vocación y tarea*), ed. expandida (Downers Grove, IL: IVP, 2015), 46.

CAPÍTULO 3: HAZ DESCANSAR TUS PENSAMIENTOS

1. Cf. Sei Yon Sohn et al., «Prevalence of Problematic Smartphone Usage and Associated Mental Health Outcomes amongst Children and Young People: A Systematic Review, Meta-analysis and GRADE of the Evidence» (La prevalencia del uso problemático de los teléfonos inteligentes y los resultados de salud mental asociados entre niños y jóvenes: una reseña sistemática, un meta-análisis y el GRADO de la evidencia, *BMC Psychiatry* 19, no. 356 (noviembre del 2019), https://bmcpsychiatry.biomedcentral.com/articles/10.1186/s12888-019-2350-x.
2. Cf. Jean M. Twenge, «Have Smartphones Destroyed a Generation?» (¿Los teléfonos inteligentes han destruido una generación?), *The Atlantic* (El atlántico), septiembre del 2017, https://www.theatlantic.com/magazine/archive/2017/09/has-the-smartphone-destroyed-a-generation/534198/.
3. Cf. entrevista con Tristan Harris en *The Social Dilemma* (*El dilema de las redes sociales*), dirigida por Jeff Orlowski (Los Gatos, CA: Netflix, 2020), https://www.netflix.com/title/81254224.
4. Richard J. Foster, *Celebration of Discipline: The Path to Spiritual Growth*, ed. especial de aniversario (San Francisco: HarperOne, 2018), prefacio, Kindle (énfasis original).

5. Cf. Joseph Firth et al., «The "Online Brain": How the Internet May Be Changing Our Cognition» (El "cerebro en línea": cómo el internet puede estar cambiando nuestra cognición), *World Psychiatry* (Psiquiatría mundial) 18, no. 2 (junio del 2019): 119–129.
6. Cal Newport, *Minimalismo digital: En defensa de la atención en un mundo ruidoso*, trad. Montserrat Asensio Fernández (Paidós, 2021).
7. Cf. Julia Cameron, *The Artist's Way: A Spiritual Path to Higher Creativity* (*El camino del artista: Un curso de descubrimiento y rescate de tu propia creatividad*), ed. 25 aniversario (Nueva York: TarcherPerigee, 2016).
8. Cf. Cameron, cap. 4.
9. Puedes leer un resumen de las ideas de los puritanos sobre la meditación en el libro *God's Battle Plan for the Mind: The Puritan Practice of Biblical Meditation* (El plan de batalla de Dios para la mente: la práctica puritana de la meditación bíblica) por David W. Saxton (Grand Rapids: Reformation Heritage Books, 2015).
10. Cf. Saxton, 33.
11. Cf. *The Works of George Swinnock* (Las obras de George Swinnock), M.A., vol. 2, *The Christian Man's Calling, Latter Portion of Part II, and a Portion of Part III* (El llamado del hombre cristiano: la última porción de la parte II y una porción de la parte III) (Edimburgo, 1868), 416, citado en Saxton, *God's Battle Plan for the Mind*, 38.
12. Tomé esta meditación de Kendall Vanderslice, quien escribe sobre el rol de la comida en la formación espiritual y ofrece talleres para incorporar el horneado del pan con la oración. Para más información sobre cómo la meditación y el horneado del pan se conectan, visita su sitio web en https://www.edibletheology.com.
13. Cf. Deb Dana, *The Polyvagal Theory in Therapy: Engaging the Rhythm of Regulation* (La teoría polivagal en terapia:

cómo unirse al rimo de la regulación) (Nueva York: W. W. Norton, 2018), 165.

CAPÍTULO 4: DESENMARAÑA TUS PENSAMIENTOS

1. Esta cita se le atribuye a Dawson Troman.
2. John Murray, «The Nature of Sin» (La naturaleza del pecado), en *Collected Writings of John Murray* (Escritos recopilados de John Murray), vol. 2, *Select Lectures in Systematic Theology* (Clases seleccionadas de Teología sistemática) (reimp., Carlisle, PA: Banner of Truth, 2009), 78.
3. Jeremy Pierre, *La dinámica del corazón en la vida cotidiana: Conectando a Cristo con la experiencia humana* (Sebring, Florida: EBI, 2019), 14.
4. Cf. John Murray, «The Nature of Man» (La naturaleza del hombre), en *Select Lectures in Systematic Theology*, 14.
5. Murray, «Nature of Man», 14.
6. Michael J. Boivin, «Finding God in Prozac or Finding Prozac in God: Preserving a Christian View of the Person amidst a Biopsychological Revolution» (Encontrando a Dios en el Prozac o encontrar al Prozac en Dios: preservando una visión cristiana de la persona en medio de una revolución biopsicológica), *Christian Scholar's Review* (Revista del erutido cristiano) 32, no. 2 (enero del 2002): 170, citado en John Swinton, *Finding Jesus in the Storm: The Spiritual Lives of Christians with Mental Health Challenges* (Encontrando a Jesús en la tormenta) (Grand Rapids: Eerdmans, 2020), 105–106.
7. Los pensamientos que se originan en el cuerpo son filtrados por el corazón. En este caso, la manera en la que la persona responde a los pensamientos revela su corazón.
8. Cf. Murray, «Nature of Man», 14.

9. Cf. Edward T. Welch, *Blame It on the Brain? Distinguishing Chemical Imbalances, Brain Disorders, and Disobedience* (¿*Es el cerebro el culpable? cómo distinguir los desiquilibrios químicos, los trastornos cerebrales y la desobediencia*) (Phillipsburg, NJ: P&R Publishing, 1998), 40, 51.
10. Cf. Killian A. Welch y Alan J. Carson, «When Psychiatric Symptoms Reflect Medical Conditions» (Cuando los síntomas psiquiátricos reflejan condiciones médicas), *Clinical Medicine* (Medicina clínica) 18, no. 1 (febrero del 2018): 80–87.
11. Cf. Susanne Stübner et al., «Suicidal Ideation and Suicidal Behavior as Rare Adverse Events of Antidepressant Medication: Current Report from the AMSP Multicenter Drug Safety Surveillance Project» (Ideación y comportamiento suicida como efectos adversos poco frecuentes de la medicación antidepresiva: Informe actual del proyecto multicéntrico de vigilancia de la seguridad farmacéutica del AMSP) (*International Journal of Neuropsychopharmacology* (Revista internacional de neuropsicofarmacología) 21, no. 9 (septiembre del 2018): 814–821, https://academic.oup.com/ijnp/article/21/9/814/5043110.

CAPÍTULO 5: ENFOCA TUS PENSAMIENTOS

1. Cf. Daniel M. Wegner, David J. Schneider, Samuel R. Carter y Teri L. White, «Paradoxical Effects of Thought Suppression» (Los efectos paradójicos de suprimir los pensamientos), *Journal of Personality and Social Psychology* (Revista de psicología Social y personalidad) 53, no. 1 (julio de 1987): 5–13.
2. Cf. David W. Saxton, «Deliberate Meditation» (Meditación deliberada), cap. 5 en *God's Battle Plan for the Mind:*

The Puritan Practice of Biblical Meditation (Grand Rapids: Reformation Heritage Books, 2015).

CAPÍTULO 6: PON EN CAUTIVERIO TUS PENSAMIENTOS

1. Cf. Thayer's Greek Lexicon, s.v. «λογισμός», disponible en línea en Blue Letter Bible, consultado el 20 de febrero del 2021, https://www.blueletterbible.org/lang/lexicon/lexicon.cfm?Strongs=G3053&t=ESV, número Strong G3053.
2. Thayer's Greek Lexicon, s.v. «νόημα», disponible en línea en Blue Letter Bible, consultado el 20 de febrero del 2021, https://www.blueletterbible.org/lang/lexicon/lexicon.cfm?Strongs=G3540&t=ESV, número Strong G3540.
3. Cf. Edward T. Welch, *Blame It on the Brain? Distinguishing Chemical Imbalances, Brain Disorders, and Disobedience* (Phillipsburg, NJ: P&R Publishing, 1998), 37.
4. Paul Tripp ofrece esta ilustración visual en su serie de videos *Your Walk with God Is a Community Project* (Tu caminar con Dios es un proyecto comunitario), con contribuciones de David Clyde (Filadelfia: Paul Tripp Ministries, 2006), diez sesiones de 25 minutos en 3 DVD.
5. Cf. Timothy Keller, *Dioses que fallan: Las promesas vacías del dinero, el sexo y el poder, y la única esperanza verdadera* (Andamio, 2015), introducción.
6. Mis ideas sobre esto surgieron gracias a varias conversaciones que tuve con Jeff McMullen, director ejecutivo de Life Counseling Center Ministries.
7. Hermano Lawrence, *The Practice of the Presence of God the Best Rule of a Holy Life* (*La práctica de la presencia de Dios*) (Nueva York: Fleming H. Revell Company, 2013), Conversación 1.

8. J. I. Packer, *Knowing God* (*Conocer a Dios*), ed. 20 aniversario (Downers Grove, IL: IVP Academic, 1993), cap. 1, Kindle.

CAPÍTULO 7: CALMA TUS PENSAMIENTOS

1. Cf. John Murray, «The Nature of Man», en *Collected Writings of John Murray*, vol. 2, *Select Lectures in Systematic Theology* (reimp., Carlisle, PA: Banner of Truth, 2009), 14; cf. también Edward T. Welch, *Blame It on the Brain? Distinguishing Chemical Imbalances, Brain Disorders, and Disobedience* (Phillipsburg, NJ: P&R Publishing), 49.
2. Cf. Deb Dana, *The Polyvagal Theory in Therapy: Engaging the Rhythm of Regulation* (Nueva York: W. W. Norton, 2018), 8–15.
3. Cf. Dana, 50.
4. Cf. Todd Stryd, «"Take a Deep Breath"—How Counseling Ministry Addresses the Body» (Toma un respiro: cómo el ministerio de consejería aborda asuntos del cuerpo), *Journal of Biblical Counseling* (Revista de consejería bíblica) 32, no. 3 (2018): 62–74.

CAPÍTULO 8: REPARA TUS PENSAMIENTOS

1. Cf. Amrisha Vaish, Tobias Grossmann y Amanda Woodward, «Not All Emotions Are Created Equal: The Negativity Bias in Social-Emotional Development» (No todas las emociones son iguales: la tendencia negativa en el desarrollo socio-emocional), *Psychological Bulletin* (Boletín psicológico) 134, no. 3 (mayo del 2008): 383–403.
2. Cf. Dan Allender, «Engaging Your Story» (Abordando tu historia), The Allender Center, The Seattle School of Theology & Psychology, consultado el 16 de mayo

del 2021, https://theallendercenter.org/resources/engaging-your-story/.
3. Cf. Dan Allender, «Engaging Your Story».

CAPÍTULO 9: APARTA TUS PENSAMIENTOS

1. Judith Lewis Herman, *Trauma and Recovery: The Aftermath of Violence—from Domestic Abuse to Political Terror* (*Trauma y recuperación: cómo superar las consecuencias de la violencia*) (Nueva York: Basic Books, 1992), 33.
2. Nancy C. Andreasen, «Posttraumatic Stress Disorder» (Trastorno de estrés postraumático), en *Comprehensive Textbook of Psychiatry/IV* (Libro integral de psiquiatría/IV), ed. Harold I. Kaplan y Benjamin J. Sadock, 4ta ed. (Baltimore: Williams & Wilkins, 1985), 919, citado en Herman, *Trauma and Recovery*, 31.
3. Cf. Herman, *Trauma and Recovery*, 34.
4. Diane Mandt Langberg, *On the Threshold of Hope: Opening the Door to Hope and Healing for Survivors of Sexual Abuse* (*En el umbral de la esperanza: Una puerta abierta hacia la sanidad de los sobrevivientes de abusos sexuales*) (Carol Stream, IL: Tyndale House Publishers, 1999), cap. 15, Kindle.
5. Langberg, cap. 20.
6. Bessel van der Kolk, *The Body Keeps the Score: Brain, Mind, and Body in the Healing of Trauma* (*El cuerpo lleva la cuenta: cerebro, mente y cuerpo en la superacion del trauma)* (Nueva York: Penguin Books, 2014), 195.
7. Cf. E. A. Brett y R. Ostroff, «Imagery and Posttraumatic Stress Disorder: An Overview» (La imaginería y el trastorno de estrés postraumático: una descripción general), *American Journal of Psychiatry* (Revista americana de psiquiatría) 142, no. 4 (abril de 1985): 417–424, citado en Herman, *Trauma and Recovery*, 38.

8. Van der Kolk, *Body Keeps the Score*, 43.
9. Van der Kolk, 43.
10. Herman, *Trauma and Recovery*, 34.
11. Esto está basado en una estrategia común para contener pensamientos relacionados con un trauma que le aprendí por primera vez a Jennifer Sweeton, «EMDR: A Rapid, Safe, and Proven Treatment for Trauma through PESI» (EMDR: un tratamiento rápido, seguro y probado del trauma a través de la PESI) (taller, PESI, 10 de febrero del 2020).

CAPÍTULO 10: DESCARTA TUS PENSAMIENTOS

1. Cf. Stanley J. Rachman y Padmal de Silva, «Abnormal and Normal Obsessions» (Obsesiones normales y anormales), *Behaviour Research and Therapy* (Investigación y terapia del comportamiento)16, no. 4 (1978): 233–248; también Adam S. Radomsky et al., «You Can Run but You Can't Hide: Intrusive Thoughts on Six Continents», (Puedes correr pero no puedes esconderte: los pensamientos instrusivos en los seis continentes) extracto, *Journal of Obsessive-Compulsive and Related Disorders* (Revista del trastorno obsesivo-compulsivo y otros relacionados)3, no. 3 (julio del 2014): 269–279.
2. Cf. S. Rachman, «Obsessions, Responsibility, and Guilt» (Obsesiones, responsabilidad y culpa), *Behaviour Research and Therapy* 31, no. 2 (febrero de 1993): 149–154, citado en Ian Osborn, *Can Christianity Cure Obsessive-Compulsive Disorder? A Psychiatrist Explores the Role of Faith in Treatment* (*¿Puede el cristianismo curar el trastorno obsesivo-compulsivo? un psiquiatra explora el papel de la fe en el tratamiento*) (Grand Rapids: Brazos Press, 2008), 113.

3. Michael R. Emlet, «Scrupulosity: When Doubts Devour» (Escrupulosidad: cuando las dudas devoran), *Journal of Biblical Counseling (Revista de consejería bíblica)* 33, no. 3 (2019): 15.
4. Osborn, *Obsessive-Compulsive Disorder*, 122.
5. Cf. Luke J. Norman et al., «Error Processing and Inhibitory Control in Obsessive-Compulsive Disorder: A Meta-analysis Using Statistical Parametric Maps» (Procesamiento de errores y control inhibitorio en el trastorno obsesivo-compulsivo: un metanálisis que utiliza mapas paramétricos estadísticos), *Biological Psychiatry* (*Psiquiatría biológica*) 85, no. 9 (mayo del 2019): 713–725.
6. Osborn, *Obsessive-Compulsive Disorder*, 121.
7. Para un trato más completo del tema, cf. Norman Doidge, «Redesigning the Brain» (Volviendo a diseñar el cerebro), cap. 3 en *The Brain That Changes Itself: Stories of Personal Triumph from the Frontiers of Brain Science* (*El cerebro se cambia a si mismo*) (Nueva York: Viking, 2007).
8. Emlet, «Scrupulosity», 28.
9. Este consejo de etiquetar los pensamientos como intrusivos proviene de una técnica elaborada por Jeffrey M. Schwartz. Puedes leer más sobre esta técnica en el libro que escribió con Beverly Beyette, *Brain Lock: Free Yourself from Obsessive-Compulsive Behavior* (*Desbloquea tu cerebro: libérate del comportamiento obsesivo-compulsivo*), ed. 20 aniversario (Nueva York: Harper Perennial, 2016).
10. Esta estrategia se basa en uno de los tratamientos seculares más comunes para el TOC: una terapia de exposición y respuesta. Te anima a exponerte a tus miedos (p. ej.: personas que disparan recordatorios de tus pensamientos intrusivos, pasajes difíciles de las Escrituras, entre otros) y luego responder a ellos sin ceder ante las compulsiones que te mueven a realizar (p. ej.: lavarte las manos, confesar en repetidas ocasiones, entre otras).

Las investigaciones demuestran que esta es una manera extremadamente eficaz para comenzar a reducir la intensidad de los pensamientos intrusivos. Cf. Dianne M. Hezel y H. Blair Simpson, «Exposure and Response Prevention for Obsessive-Compulsive Disorder: A Review and New Directions» (Prevensión de la exposición y respuesta del trastorno obsesivo-compulsivo: una evaluación y nuevas direcciones), suplemento, *Indian Journal of Psychiatry* (Revista hindú de psiquiatría) 61, no. S1 (enero del 2019): S85–92.

11. El artículo «Scrupulosity: When Doubts Devour» (Escrupulosidad: cuando las dudas devoran) por Michael Emlet que cité antes en este capítulo es el mejor que he leído sobre el tema. Algunos otros libros que recomiendo incluyen Brain Lock por Jeffrey Schwartz y *Can Christianity Cure Obsessive-Compulsive Disorder?* por Ian Osborn, los cuales también han sido citados ya en este capítulo, así como *Overcoming Unwanted Intrusive Thoughts* (*Guía para superar los pensamientos atemorizantes, obsesivos o inquietantes*) por Sally M. Winston y Martin N. Seif (Oakland, CA: New Harbinger Publications, 2017).

CAPÍTULO 11: MEDICA TUS PENSAMIENTOS

1. Chimamanda Ngozi Adichie, «El peligro de la historia única», filmada en julio del 2009 en Oxford, Reino Unido, video TEDGlobal, 18:33, https://www.ted.com/talks/chimamanda_ngozi_adichie_the_danger_of_a_single_story/transcript?language=es.
2. Michael R. Emlet, *Descriptions and Prescriptions: A Biblical Perspective on Psychiatric Diagnoses and Medications* (*Descripciones y prescripciones: Una perspectiva bíblica sobre los diagnósticos y medicamentos psiquiátricos*) (Greensboro, NC: New Growth Press, 2017), introducción, Kindle.

3. Cf. Charles Hodges, «Medication: Right or Wrong? Wise or Unwise? Helpful or Not?» (Tomar medicamentos: ¿correcto o incorrecto? ¿sabio o insensato?, Biblical Counseling Coalition, 24 de agosto del 2018, https://www.biblicalcounselingcoalition.org /2018/08/24/medication-right-or-wrong-wise-or-unwise-helpful-or-not/.
4. John Swinton, *Finding Jesus in the Storm: The Spiritual Lives of Christians with Mental Health Challenges* (Grand Rapids: Eerdmans, 2020), 106.
5. Swinton, 107.

CAPÍTULO 12: SÉ REALISTA CON TUS PENSAMIENTOS

1. Kelly M. Kapic, *Embodied Hope: A Theological Meditation on Pain and Suffering* (Downers Grove, IL: IVP Academic, 2017), cap. 1, Kindle.

Esther Smith (Maestría en Consejería, Liberty University, Certificada de la Christian Counseling and Educational Foundation) es una consejera profesional que se especializa en ayudar a las personas que experimentan traumas, ansiedad y enfermedades físicas.

¿Le resultó útil este libro?
Considera escribir una reseña en línea.
¡El autor y el traductor aprecian tus comentarios!
O escribe a P&R a editorial@prpbooks.com.
Nos encantaría saber de ti.